KOKOSCREME & MANDELMILCH

Henrietta Inman

KOKOSCREME & MANDELMILCH

75 Rezepte für Clean Cakes

Die Originalausgabe mit dem Titel *Clean Cakes* ist 2016 in englischer Sprache bei Jacqui Small LLP, Aurum Press Ltd, einer Tochtergesellschaft von Quarto Publishing Plc, 77 White Lion Street, London, N1 9PF, erschienen.

Text © Henrietta Inman
Design, Layout und Fotografie © Jacqui Small

5 4 3 2 1   21 20 19 18 17
978-3-88117-132-8

Übersetzung: Annerose Sieck
Lektorat: Claudia Boss-Teichmann
Redaktion: Lisa Frischemeier
Satz: Kommunikationsdesign Petra Soeltzer
© 2017 Hölker Verlag in der Coppenrath Verlag GmbH & Co. KG,
Hafenweg 30, 48155 Münster, Germany
Alle Rechte vorbehalten, auch auszugsweise

www.hoelker-verlag.de

INHALT

Einführung 7

Alternativen zu Milchprodukten 10

Natürliche Süßungsmittel 12

Glutenfreies Mehl und Getreide 16

Aroma-Booster und Superfoods 19

Das gehört in den Vorratsschrank 20

Tipps zu den Rezepten 21

Grundrezepte 25

Kuchen und Torten 34

Muffins, Kastenkuchen und Brote 62

Cookies, Brownies und Riegel 89

Tartes und Pies 113

Raw Desserts 137

Schokolade, Petits Fours und andere Kleinigkeiten 155

Register 174

Danksagung 176

EINFÜHRUNG

Essen bedeutet für mich Freude und Genuss, und ich kann mir kaum etwas Schöneres vorstellen, als einen leckeren Kuchen mit meinen Freunden zu teilen. Wenn wir bewusst kochen und genießen, werden sich Gesundheit und Glück ganz von selbst einstellen – davon bin ich überzeugt. Die Voraussetzung dafür sind saisonale und unverarbeitete Zutaten, möglichst aus der Region und am liebsten in Bio-Qualität.

PATISSERIE AUF NEUE ART

Ein Brot randvoll mit Pekannüssen, saftigen Datteln und gebackenen Bananen; nach Karamell schmeckender Kokosblütensirup und cremiges Cashewmus in einem mürben Blondie; honigsüße Trockenfrüchte, gepaart mit nussigem Buchweizen- und Kastanienmehl in einem saftigen Obstkuchen; der besondere Biss von Hirsemehl und frisch geerntetem Wurzelgemüse in einer würzigen Tarte oder einem kernigen Frühstücksmuffin … Ich könnte noch tausend andere nährstoffreiche Köstlichkeiten aufzählen, die ich heute ganz selbstverständlich beim Backen verwende – doch das war nicht immer so.

Frisch von der Uni kommend, begann ich meine Lehre bei einem Konditor in London. Ganz oben auf der Zutatenliste standen raffinierter Zucker und weißes Mehl. Ich stellte das damals nicht infrage. Ich wollte das klassische Handwerk lernen, die traditionellen Techniken, alle präzisen und akribischen Methoden und die Kunstfertigkeit, die nun einmal zur Patisserie gehören. Begierig nahm ich auf, was ich über neue Aromen und Texturen lernen konnte, und eignete mir alles über außergewöhnliche Präsentationsformen von Kuchen und Desserts an. In jeder Backstube begegnete ich einer Fülle neuer Ideen, einzigartiger Geschmackskombinationen und verfeinerter Dekorationsstile. Ich genoss diese Zeit, doch nach Jahren intensiven Arbeitslebens träumte ich davon, wieder in meine Heimat, aufs Land nach Suffolk, zurückzukehren und dort mein eigenes Unternehmen zu gründen.

Ich kaufte auf lokalen Bauernmärkten ein, bewirtete Firmen, übernahm das Catering für Veranstaltungen und kreierte maßgeschneiderte Torten für festliche Anlässe: Meine Selbstständigkeit als Konditorin war erfolgreich. Nachdem ich allerdings ein Jahr lang mit den altvertrauten Mehlen und Zuckersorten gebacken hatte, kam mir der Gedanke: Warum eigentlich nicht mal etwas Neues probieren?

Aufgewachsen bin ich auf dem Land. Dort habe ich gelernt, den Wert regionaler, frischer Produkte, eine gesunde Ernährung und vollwertige, natürliche Zutaten zu schätzen. Heute spielt gesunde Ernährung mehr denn je eine wichtige Rolle. Mehr und mehr Köche zeigen, wie gut es mit weniger Fleisch, dafür mit mehr Gemüse, Hülsenfrüchten und vollwertigen Produkten schmecken kann. Mehr pflanzliche Lebensmittel zu verwenden, das ist der neue, aufregende Ansatz. Er hat nicht nur einen direkten positiven Einfluss auf unsere Gesundheit, sondern auch auf das Wohl der Tiere und unsere Umwelt.

Ich liebe diese Art zu essen, und meinen Freunden und meiner Familie geht es genauso. Doch warum soll die „Essens-Revolution" eigentlich beim Hauptgericht enden? Warum essen wir nach einer großartigen Mahlzeit mit frischem Gemüse und anderen naturbelassenen Zutaten einen Kuchen, der jede Menge raffinierten Zucker und weißes Mehl enthält? Kaum hat man einen Bissen gegessen, stellt sich schon ein Schuldgefühl ein. Also habe ich beschlossen, die Freude an gesundem, vollwertigem Essen auch auf die süßen Dinge im Leben zu übertragen: auf Desserts, Gebäck und Kuchen!

CLEAN CAKES – SO FING ES AN

An meiner Selbstständigkeit schätze ich, ein direktes Feedback von meinen Kunden zu bekommen. Als ich ihnen von meiner Idee natürlicher Kuchen erzählte, stieß ich auf begeisterte Zustimmung. Ein Kuchen aus unverarbeiteten, vollwertigen Zutaten – das hört sich nach einem Widerspruch an. Aber glauben Sie mir: Es ist einfacher, als Sie vielleicht denken.

Ich hörte meinen Kunden genau zu und erfuhr, dass die meisten keine übersüßen Kuchen und Desserts mögen. Ich habe schon immer lieber saisonales Obst aus der Region verwendet, statt meine Backwaren in Zucker zu ertränken. Doch bei meinen neuen Rezepten wollte ich ausschließlich auf natürliche Süßungsmittel setzen.

Zusätzlich wurde mir bewusst, dass immer mehr Menschen an Nahrungsmittelallergien und -intoleranzen leiden und weder Gluten noch Milchprodukte vertragen. Auch sie sollten meine Kuchen genießen können. Also begann ich, die Auswirkungen von Gluten, Milchprodukten und raffiniertem Zucker auf unser Wohlbefinden näher zu betrachten. Gleichzeitig experimentierte ich mit glutenfreien

Mehlen, etwa braunem Reismehl oder Quinoa, probierte unverarbeitete Süßungsmittel wie Kokosblütensirup und Dattelsirup aus und überlegte, mit welchen Zutaten sie harmonieren würden. Anstelle von Butter und raffinierten Pflanzenölen verwendete ich natives Kokosöl und Rapsöl oder Nussmus. Ich lernte nicht nur etwas über die Nährwertprofile dieser allergiefreundlichen Zutaten, sondern auch über ihre einzigartigen und komplexen Aromen. Also sollte es doch nur Vorteile bringen, wenn ich meine Patisserie mit derart köstlichen und nahrhaften Zutaten revolutionieren würde.

EIN RAUES ERWACHEN

Da stand ich nun in der Küche mit meinen Rezepten und wollte loslegen. Doch die Adaption der Rezepte stellte sich als alles andere als einfach heraus. Gluten ist ein Protein, das in vielen Getreidesorten, u. a. in Weizen, steckt. Seine Klebereigenschaften sorgen für elastische Brotteige und geben Kuchen Struktur. Es bindet die Zutaten und lässt Teige aufgehen. Ohne dieses Protein wurden meine ersten Versuche krümelig, fest und zu flach. Auch Butter und Zucker verleihen Backwaren Struktur, machen sie außerdem weich und saftig. Es brauchte Zeit, bis ich mit meinen neuen Zutaten so umgehen konnte, dass ich gute Ergebnisse erzielte.

Beim Kochen gehen Textur und Geschmack Hand in Hand. Das Praktische an weißem Mehl, raffiniertem Zucker und Butter ist, dass sie neutral schmecken und gut mit Obst, Schokolade und anderen Zutaten harmonieren. Teffmehl (Zwerghirsemehl) aber beispielsweise hat im Unterschied zu Weizenmehl eine dunkle Farbe und einen leichten Sirupgeschmack. Beides passt gut zu Herbstfrüchten, schmeckt aber auch himmlisch zu dunkler Schokolade. Im Vergleich zu Butter schmeckt natives Rapsöl strenger, zusammen mit erdigem Wurzelgemüse ergibt es einen herrlichen Kuchen oder bereichert nahrhafte Riegel mit Getreide, Samen und Nüssen.

Ich probierte und probierte … und langsam wuchs meine Zuversicht. Meine neuen Kuchen begeisterten mich. *Clean Cakes* – das hieß für mich, alles über Geschmack, Textur und Nährwerte der Zutaten zu wissen, um sie so zu kombinieren, dass daraus etwas sehr, sehr Leckeres entsteht.

Mittlerweile kann ich mein Know-how als Konditorin mit meiner Passion für alternative, vielfältige und unterschiedliche Lebensmittel perfekt verbinden. Für dieses Buch habe ich mehr als 75 Rezepte entwickelt. Ich hoffe, Sie können sie ebenso genießen wie bisher meine Familie, Freunde

8 KOKOSCREME UND MANDELMILCH

und Kunden. Ich bin glücklich in meinem Job, seitdem ich schmackhafte und gleichzeitig gesunde Zutaten verwende. Wenn Sie damit backen, wird der Gedanke an Verzicht gar nicht erst aufkommen. Denn vergessen wir nicht: Essen soll uns glücklich machen!

DIE PHILOSOPHIE VON *CLEAN CAKES*

Clean Cakes greift auf die Fertigkeiten und Techniken zurück, die ich im klassischen Konditoreigewerbe gelernt habe, und nutzt sie, um richtig gute Nahrungsmittel ins Spiel zu bringen. Ich möchte dem Missverständnis entgegentreten, dass gesundes Essen fade schmeckt, farblos ist oder gar beides gleichzeitig. Werden die Zutaten richtig eingesetzt, sieht das Ganze fantastisch aus und schmeckt auch so.

Beim Essen sollte es niemals um Verzicht, sondern um eine gute Balance gehen – essen Sie Kuchen, wenn Ihnen der Sinn danach steht! Enthält er gute, nahrhafte Zutaten, sind wir viel schneller satt. Backwaren aus verarbeiteten Produkten und industriell hergestellte Riegel hingegen liefern nur leere Kalorien, deren Energie nicht lange vorhält.

Clean Cakes steht außerdem für einen basischen Ansatz. Säurebildend sind z. B. alle verarbeiteten Produkte, Kuhmilch, Weizen und raffinierter Zucker. Sie setzen während der Verdauung Säure frei, und ein Zuviel davon kann zu Verdauungserkrankungen und einem Mangel an Energie führen.

Clean Cakes ist ein Buch für alle, die gerne backen und mit neuen Lebensmitteln experimentieren – egal, ob Sie an Allergien oder Intoleranzen leiden oder sich einfach etwas Gutes gönnen möchten. Veganer und Menschen, die auf Ei allergisch reagieren, finden hier eifreie Rezepte, darüber hinaus getreidefreie Varianten. Alle Rezepte sind sojafrei. Wer unter einer Nussallergie leidet, kann die Rezepte leicht abwandeln.

Also auf geht's in die Küche, um richtig gut zu backen!

Alternativen zu Milchprodukten

Es stimmt nicht, dass wir Milch, insbesondere Kuhmilch, zu uns nehmen müssen, um ausreichend mit Kalzium versorgt zu werden. Grünes Gemüse, wie Brokkoli und dunkelgrünes Blattgemüse, Hülsenfrüchte, Nüsse und Samen sind verlässliche Kalziumlieferanten.

LAKTOSEINTOLERANZ UND MILCHALLERGIEN

Viele kleine Kinder sind von einer Milchallergie bzw. -unverträglichkeit betroffen. Aber auch manche Erwachsene vertragen keine Milch. Grund dafür ist eine allergische Reaktion auf das Milchprotein Casein. Asthma, Hautekzeme, Akne und Verstopfung können die Folge sein. Die Ursache für eine Laktoseintoleranz liegt in der Unfähigkeit des Körpers, den Milchzucker, die Laktose, zu verdauen.

Milch ist auch ein Lieferant von tierischem Fett, das nur in Maßen konsumiert werden sollte. Wenn Sie Milchprodukte essen möchten, weichen Sie lieber auf vollfette Bio-Milch, -Joghurt oder -Butter aus, die von Kühen, Schafen oder Ziegen stammen, die auf grünen Weiden grasen. Bevorzugen Sie außerdem rohe und nicht pasteurisierte Sorten, sie enthalten mehr wertvolle Inhaltsstoffe als industriell verarbeitete.

WAS BEWIRKT MILCH BEIM BACKEN?

In vielen Backrezepten sind Butter, Sahne und Milch grundlegende Zutaten. Aber auch ohne lässt sich problemlos backen! Ja, Butter, Milch oder Joghurt machen Backwaren geschmeidig. Doch es gibt eine Vielzahl von unglaublich köstlichen, vielfältigen und gesunden milchfreien Alternativen auf Pflanzenbasis.

ALTERNATIVEN ZU MILCH

Nussmilch und Milch auf Pflanzenbasis

In meinen Rezepten verwende ich Nussmilch (s. S. 28). Nüsse sind eine gute Kalziumquelle und enthalten zudem sehr viele Proteine, Omega-3-Fettsäuren, Ballaststoffe, Vitamine und Mineralstoffe. Ich nehme hauptsächlich Mandel- und Cashewmilch, die einen milden Geschmack haben. Ihre relativ neutrale Cremigkeit macht es anderen Aromen leicht, sich mit ihnen zu verbinden. Andere Sorten setze ich sehr gezielt ein, etwa Haselnussmilch für eine Honig-Nugat-Ganache (s. S. 39) oder Pistazienmilch für eine Crème Anglaise mit Pistazien (s. S. 132). Bei diesen Rezepten bitte

ich Sie dringend, die vorgeschlagenen Milchsorten zu verwenden, bei Rezepten mit Mandel- und Cashewmilch können Sie jedoch auf eine andere milde Milch zurückgreifen. Obwohl ich Nussmilch bevorzuge, sind beispielsweise Reis- und Hafermilch gute Alternativen. Wenn Sie Ihre Milch nicht selbst zubereiten möchten, kaufen Sie ungesüßte Produkte, die zudem weder Zusatzstoffe, Stabilisatoren, Verdickungsmittel oder Konservierungsstoffe enthalten.

ALTERNATIVEN ZU SAHNE UND FRISCHKÄSE

Keine pappsüßen Sahnefüllungen und zuckrigen Glasuren mehr, die nur müde machen und aufblähen! Lassen Sie sich von diesen traumhaft leichten und köstlichen Alternativen auf Pflanzenbasis verführen!

Cashewnüsse

Ihre cremige Textur und ihr milder Geschmack machen Cashewnüsse zu einer wertvollen Zutat in der milchfreien Küche. Nach dem Einweichen können sie im Mixer zu einer dicken Sahne (s. S. 27) oder Milch (s. S. 28) verarbeitet und anschließend als Zutat in rohen und gebackenen Kuchen, Glasuren, Saucen oder Getränken verwendet werden.

Macadamianüsse

Ihr milchiges, feines Aroma ähnelt den Cashewnüssen, auch sie können eingeweicht und im Mixer zu Milch, Sahne und milchfreiem Eis verarbeitet werden (s. meine Schoko-Orangen-Eistorte auf S. 151). Sie liefern gesunde Fette, Antioxidantien, Eisen und Zink.

Kokosmilch

Kokosmilch schmeckt relativ mild und harmoniert gut mit anderen Zutaten. Ich greife gern auf flüssige Kokosmilch zurück oder schlage sie zu einer leichten Sahne (s. S. 27) und mache dann Mousses (z. B. meine Tiramisu-Mousse, s. S. 141), „Käsekuchen" oder Glasuren daraus. Kokosnuss ist eines der am stärksten basisch wirkenden Lebensmittel.

Avocado

Sie können aus dem köstlichen, cremigen Fruchtfleisch ein herrlich leichtes Püree zubereiten. Da sich das Fruchtfleisch durch Oxidation braun färbt, müssen Sie Zutaten zufügen, die das verhindern, wie z. B. Limette oder Minze. Kakao oder Kaffee überdecken die Verfärbung. Für die Zubereitung von Cremes, Glasuren, Mousses oder rohen Kuchen geben Sie Flüssigkeit oder geschlagene Kokossahne, Kokosöl, Mandel- oder Cashewmus zu. Die Avocado liefert gesunde Fette fürs Herz, Proteine und nahezu 20 essenzielle Nährstoffe wie Ballaststoffe, B-Vitamine und Vitamin E.

ALTERNATIVEN ZU JOGHURT UND BUTTERMILCH

Cashewjoghurt

Mahlt man Cashewnüsse fein, erhält man eine glatte, cremige Basis, die mit einer Vielzahl von Aromen kombiniert werden kann. Wie Naturjoghurt ist Cashewjoghurt ein idealer Begleiter für meine Kuchen, und auch zum Frühstück schmeckt er hervorragend. Ich spreche wegen der Konsistenz von Joghurt, doch ist Cashewjoghurt selbstverständlich ein völlig anderes Lebensmittel als Joghurt auf Milchbasis und enthält keine Probiotika (s. u.). Siehe auch Cashewnüsse (S. 10).

Kokosjoghurt

Kokosjoghurt ist so ergiebig, dass sich sein etwas höherer Preis lohnt. Er verleiht Mousses und Füllungen eine luxuriöse Cremigkeit, Kuchen und Gebäck macht er saftig. Der „Joghurt" wird aus dem frisch ausgepressten weißen Kokosfruchtfleisch hergestellt. Er ist reich an Mineralien und Ballaststoffen. Sie finden Kokosjoghurt im Naturkosthandel, im Internet gibt es außerdem viele Anleitungen zum Selbermachen.

Mandelmilch mit Apfelessig

Ein toller Ersatz für Buttermilch! Der Apfelessig ersetzt den joghurtartigen, leicht säuerlichen Geschmack der Buttermilch und reagiert sehr gut mit Backnatron. Das Resultat: ein perfekt aufgegangener Kuchen, leicht und von zarter Konsistenz, mit feiner Kruste. Apfelessig macht basisch, kurbelt Verdauung und Stoffwechsel an. Verwenden Sie möglichst ungefilterte, nicht pasteurisierte Sorten und bewahren Sie diese an einem dunklen Ort auf.

Hinweis zu Soja, Joghurt und Probiotika

Wegen des Umweltschutzes, aber auch aus gesundheitlichen und geschmacklichen Gründen, verwende ich kein Soja. Auch wenn Joghurt von Herstellern als gesundheitsförderlich angepriesen wird, finde ich, dass es bessere Quellen für Kalzium und Probiotika gibt, etwa fermentierte Lebensmittel und probiotische Ergänzungsmittel für eine gesunde Darmflora.

ALTERNATIVEN ZU BUTTER

Kokosfett

Kokosfett wird aus dem Kokosfruchtfleisch gewonnen, das sehr fein zerkleinert wird. Obwohl ich in meiner Küche lieber Kokosöl verwende, ist auch der Einsatz von milderem Kokosfett sinnvoll.

Natives Kokosöl

Es wirkt antibakteriell, antiviral und ist gegen Pilze wirksam, außerdem kann das unraffinierte und ungebleichte Öl den Blutzucker in Schach halten. Es ist auch bestens für die warme Küche geeignet und lässt sich gut erhitzen. Ich nehme es für fast alle Backwaren, für rohe Desserts und Riegel. Sein feines Kokosaroma ist unaufdringlich, auch wenn es eine leichte Süße besitzt.

Natives Rapsöl

Neben Kokosöl verwende ich dieses Öl mit seinem hohen Rauchpunkt und seiner seidigen Textur am liebsten. Es besitzt ein leichtes, nussartiges Aroma, ist sehr vielseitig und verleiht Tiefe. Nehmen Sie kein billiges, raffiniertes Rapsöl, sondern greifen Sie auf natives Bio-Rapsöl zurück, zu erkennen unter anderem an seiner goldgelben Farbe und seinem intensiven Geschmack. Rapsöl liefert reichlich Omega-3-, zudem Omega-6- und Omega-9-Fettsäuren sowie Vitamin E. Es enthält weniger gesättigte Fette als Olivenöl.

Nuss- und Samenmus

In meinen Rezepten verwende ich sie oft: von Mandel-, Erdnuss-, Haselnuss- und Cashewmus bis hin zu Pistazienpaste und Tahini. Sie machen Gebäck geschmeidig, ersetzen Butter in Keksen, entweder allein oder in Kombination mit Kokosöl, und lassen sich mit natürlichen Süßungsmitteln paaren, um eine Nugatpaste für Kuchen und Ganache zuzubereiten.

Natives Leinsamenöl

Mit seinem hohen Omega-3-Anteil ist kalt gepresstes Leinsamenöl eines der besten Öle für die kalte Verwendung. Es sollte kühl gelagert und rasch verbraucht werden, da es schnell ranzig wird und seine heilsame Wirkung verliert.

Vegane Margarine

Vegane Margarine verwende ich nur in wenigen Rezepten, wenn ich der Meinung bin, dass sie für den Geschmack unerlässlich ist. Achten Sie unbedingt darauf, dass keine gehärteten Fette, Konservierungsstoffe und künstliche Farbstoffe enthalten sind und bevorzugen Sie Bio-Produkte. Ansonsten ist in diesem Fall regionale Bio-Butter von Tieren aus Weidehaltung eine gute Alternative.

ENTHÄLT SCHOKOLADE MILCH?

Bitterschokolade ist milchfrei – im Gegensatz zu Milchschokolade und weißer Schokolade, die im Übrigen kaum oder nur minimal Kakao enthält, besteht sie lediglich aus Kakaobutter, Kakaomasse und ein wenig Süßungsmittel. Ich persönlich favorisiere eine dunkle Bitterschokolade mit über 75 % Kakaoanteil. Siehe auch „Das gehört in den Vorratsschrank" (S. 20). Sie können Ihre Schokolade auch selbst machen (s. S. 156).

Natürliche Süßungsmittel

Raffinierter Zucker ist in vielen Formen erhältlich. Fürs Backen verwenden wir meist weißen (extrafeinen) Kristallzucker und Puderzucker. Auch braune Zuckersorten finden häufig Verwendung. Zucker macht Backwaren süßer, komplementiert und verstärkt andere Aromen und sorgt für die richtige Textur. Doch egal, ob weiß oder braun, ob aus Zuckerrüben oder -rohr gewonnen: Raffinierte Zuckerarten wurden ihrer Vitamine, Mineral- und Ballaststoffe beraubt. Werden sie mit anderen verarbeiteten und „leeren" Zutaten in Fertigprodukten kombiniert, schießt unser Blutzuckerspiegel nach dem Verzehr erst in die Höhe, um dann steil wieder abzufallen. Wir bekommen schlechte Laune, sind müde und ohne Energie. Wenn wir zudem mehr Zucker konsumieren, als unser Körper verwerten kann, wird er in Fett umgewandelt, das sich nicht nur an der Taille, sondern auch als verstecktes Fett zwischen den inneren Organen absetzt – das ist für unsere Gesundheit sehr gefährlich. Industriell hergestellte Lebensmittel wie Backwaren und Fertigsaucen, aber auch fettarme, angeblich „gesunde" Snacks aller Art enthalten jede Menge Zucker, mal offensichtlich, mal versteckt. Viele haben sich an die hohe tägliche Dosis gewöhnt. Wir sollten dem natürlich süßen Geschmack von saisonalem Obst und Gemüse sowie unraffinierten Süßungsmitteln den Vorzug geben!

NATÜRLICHE SÜSSUNGSMITTEL

Ganz ehrlich: Das Leben wäre nur halb so schön ohne einen Geburtstagskuchen oder ein Dessert am Sonntag. Doch keine Sorge, Sie können beides ohne schlechtes Gewissen genießen! Die Vorteile natürlicher Süßungsmittel sind ihre einzigartigen Aromen und ihre Nährstoffdichte. Zusammen mit anderen vollwertigen Zutaten, die viele Proteine, gute Fette und Ballaststoffe enthalten, liefern sie anhaltend Energie und sorgen für ein Gefühl der Zufriedenheit, das sich nur bei gutem Essen einstellt.

Allerdings sind auch natürliche Süßungsmittel eine Form von Zucker und können das Gleichgewicht des Körpers stören. Auch sie sollten nur in Maßen verwendet werden. Wenn Ihnen ein Kuchen oder Dessert nicht süß genug oder zu süß sein sollte, geben Sie beim nächsten Mal einfach mehr oder weniger Zucker hinzu. Oder Sie beträufeln das Ganze nach dem Backen mit ein wenig Honig, Kokosblütenoder Ahornsirup. Letztlich ist es eine Frage des persönlichen Geschmacks.

Alle verwendeten Süßungsmittel haben unterschiedliche Aromen und Konsistenzen. Ich empfehle Ihnen, sich an meine Angaben in den Rezepten zu halten. Ein Austausch kann Geschmack und Textur der Backwaren verändern.

Honigersatz für Veganer

Abgesehen vom Honig sind alle hier aufgelisteten Süßungsmittel vegan. Honig kann durch ein flüssiges Süßungsmittel auf Pflanzenbasis ausgetauscht werden. Ich halte Kokosblütensirup für den besten Ersatz, aber auch das ist eine Frage des Geschmacks.

KRISTALLFÖRMIGE SÜSSUNGSMITTEL

Kokosblütenzucker

Wahrscheinlich das Süßungsmittel, das ich am häufigsten verwende, weil das Gebäck damit so leicht wird. Auch als Kokosnektar-, Palm- oder Blütenzucker bekannt. Der Zucker hat eigentlich kein Kokosaroma, sondern eher einen milden Karamellgeschmack, und seine Farbe harmoniert mit den meisten Zutaten. Sie können ihn anstelle von weißem Kristallzucker verwenden. Nehmen Sie die gleiche Menge oder etwas weniger und geben ein weiteres Süßungsmittel hinzu, z. B. Apfelmus. Kokosblütenzucker ist eine natürliche Quelle für Spurenelemente wie Eisen, Magnesium, Kalium, Zink und Aminosäuren. Er stammt zu 100 % aus dem Nektar der Blüten der Kokospalme, wird extrahiert und mit traditionellen, nachhaltigen Produktionstechniken hergestellt.

Palmzucker aus der Palmyrapalme

Das Superfood unter den Süßungsmitteln! Gewonnen wird es aus den Blüten der Palmyrapalme, die in Südostindien wächst. Ein einzigartiges basisches Süßungsmittel, das in der ayurvedischen Medizin eine 5000 Jahre alte Tradition hat. Der Zucker enthält über 15 essenzielle Vitamine und Mineralstoffe, wie Vitamin B12, Eisen, Kalium und Magnesium. Seine dunkle Farbe und sein ausgeprägtes Karamellaroma passen am besten zu Rezepten, für die man normalerweise braunen Zucker verwenden würde. Ich kombiniere ihn gern mit Herbstfrüchten, Gewürzen und dunkler Schokolade. Seine Süße ist so ausgeprägt, dass Sie 30–50 % weniger als von raffiniertem Zucker brauchen. Kaufen Sie Bio- und Fair-Trade-Sorten und möglichst keine „Palmzucker-Klötze", die in indischen Läden angeboten werden.

FLÜSSIGE SÜSSUNGSMITTEL

Honig

Bevorzugen Sie Honig aus der Region, der nicht pasteurisiert, d. h. nicht über 45 °C erhitzt wurde. Die meisten Honige, die es im Supermarkt gibt, sind hitzebehandelt.

Rohhonig wirkt antibakteriell, ist wirksam gegen Pilz und zudem ein kraftvolles Antioxidans. Er enthält Vitamin B6 und Vitamin C und wirkt antientzündlich, sein glykämischer Index beträgt 50. Sein unglaublich reicher Geschmack variiert von Bienenstock zu Bienenstock. Wie bei vielen anderen natürlichen Süßungsmitteln reicht auch beim Rohhonig eine kleine Menge, denn er ist sehr süß. Dank seines köstlichen Aromas passt er zu den meisten Zutaten. Ich nehme ihn zum Backen, aber wegen seiner wertvollen Nährstoffe verwende ich ihn am liebsten roh, in Cremes und Desserts oder zum Beträufeln. Wenn Sie keinen Rohhonig bekommen, bevorzugen Sie ein lokales Bio-Produkt.

Kokosblütensirup

Wie Kokosblütenzucker (s. S. 12) wird auch Kokosblütensirup oder -nektar aus dem Nektar der Kokosblüten gewonnen. Der Nektar wird über einem offenen Feuer verdampft, konzentriert seine natürliche Süße und bildet einen flüssigen Sirup, der abgekühlt in Flaschen gefüllt wird. In 100 %igem Sirup finden Sie keine weiteren Zusatzstoffe. Er hat ein feineres Aroma als Kokosblütenzucker und ist weniger süß als Honig. Die Farben variieren von hell bis dunkel. Wenn Sie also hellere Zutaten wie Kokossahne verwenden, nehmen Sie möglichst einen hellen Kokossirup.

Ahornsirup

Er wird aus dem konzentrierten Nektar des kanadischen Ahornbaums gewonnen und enthält Mineralien wie Eisen, Zink, Mangan und Kalium. Das intensive Karamellaroma passt vor allem zu Pfannkuchen. Ahornsirup harmoniert besonders gut mit dem Nussgeschmack von Buchweizen-, braunem Reis- und Teffmehl sowie mit Wurzelgemüse und Gewürzen. Ich verwende am liebsten den dunkleren Sirup Grad B, er schmeckt kräftiger als der Sirup Grad A und lässt sich daher sparsamer verwenden.

Dattelsirup

Verwenden Sie Bio-Produkte und ungesüßte Sorten. Siehe unten „Datteln und Dattelsirup".

WEITERE SÜSSUNGSMITTEL

Datteln und Dattelsirup

Klebrig-süße Datteln passen gut zu rohen Desserts oder Getreideriegeln, denn sie süßen und sorgen gleichzeitig dafür, dass die Zutaten zusammenhalten. Ganze Datteln und Dattelsirup, der aus eingekochten Datteln hergestellt wird, haben ein sehr süßes Aroma, das gut mit dunkler Schokolade, Nüssen, Bananen und den meisten glutenfreien Mehlen harmoniert.

Süße und Textur variieren je nach Dattelsorte. Verwenden Sie am besten qualitativ hochwertige Sorten, richtig süße und dicke Früchte. Zu trockene Exemplare weicht man 30–60 Min. in warmem Wasser ein. Ich bevorzuge Medjool-Datteln.

Trockenfrüchte

Trockenfrüchte liefern viele Nährstoffe, Vitamine, Mineralien und reichlich Ballaststoffe. Ich verwende neben Datteln getrocknete Feigen, Aprikosen, Sauerkirschen, Johannisbeeren, Rosinen, Blaubeeren, Gojibeeren, weiße Maulbeeren und Cranberrys. Sehr trockene Früchte weiche ich ca. 10 Min. in warmem Wasser ein. Kaufen Sie ungewachste, ungesüßte und ungeschwefelte Sorten.

Frisches Obst

Früchte verleihen Gebäck eine natürliche Süße. Zerdrückte Bananen lassen sich für Muffins verwenden, Apfelmus (s. S. 32) lässt sich vielfältig einsetzen und mit anderen Süßungsmitteln wie z. B. mit Palmzucker oder Ahornsirup kombinieren. Siehe auch „Veganismus und Ei-Ersatz" S. 18.

Gemüse

Kürbisse, insbesondere süßere Sorten, können gekocht, püriert und mit anderen Süßungsmittel kombiniert in Backwaren verarbeitet werden wie in der „Tarte mit Kabochakürbis" (s. S. 135). Auch Möhren und Pastinaken geben Kuchen und Muffins Süße.

SÜSSE AROMEN

Gewürze

Die süßen Aromen und die gesundheitsfördernden Wirkungen von Gewürzen werden häufig vernachlässigt, dabei erwecken sie manches Gebäck erst zum Leben! Bestreuen Sie Ihren Getreidebrei statt mit Zucker lieber einmal mit einer Mischung aus Fenchelsamen, Zimt, Kardamom und Nelken.

Vanille

Ich verwende reinen, ungesüßten Vanilleextrakt und Vanillemark, das ich aus der Schote kratze. Die Süße von Gerichten lässt sich durch Vanille steigern und abrunden. Werfen Sie leere Schoten nicht weg, bewahren Sie sie in einem Schraubglas auf und aromatisieren Sie damit Kompotte, Smoothies oder Müslis.

Ich empfehle Ihnen, Ihren Vorratsschrank mit den folgenden Lebensmitteln zu füllen, dann haben Sie die wichtigsten Zutaten für die Rezepte in diesem Buchs immer zur Hand.

1. Dattelsirup
2. Kokosmehl
3. Macadamianüsse
4. Mandelmus
5. Cashewmus
6. (Geschlagene) Kokossahne
7. Hirse
8. Quinoa
9. Rundkorn-Naturreis
10. Palmzucker
11. Cashewnüsse
12. Teffmehl
13. Kokosblütenzucker
14. Natives Kokosöl
15. Natives Rapsöl
16. Honig
17. Zimtstangen
18. Vanilleschoten

Glutenfreies Mehl und Getreide

Das Protein Gluten steckt in vielen Getreidesorten, die bekannteste ist Weizen. Es findet sich aber auch in Dinkel, Kamut, Durumweizen, Roggen und Gerste.

GLUTENSENSITIVITÄT UND ZÖLIAKIE

Heutzutage haben viele Menschen eine Sensitivität gegenüber Gluten, jeder Zehnte könnte betroffen sein. Bei einer Sensitivität oder Intoleranz reizt das Protein den Verdauungstrakt, Probleme wie Völlegefühl können die Folge sein, aber auch Symptome wie Akne, Müdigkeit und depressive Verstimmungen. In Extremfällen leiden Betroffene an einer dauerhaften Glutenintoleranz, auch als Zöliakie bekannt. Dabei handelt es sich um eine Autoimmunerkrankung, die eine Entzündung des Dünndarms verursacht. Das wiederum führt zu Vitamin- und Mineralstoffmangel.

Es scheint kein Zufall zu sein, dass Glutensensitivität und Zöliakie Hand in Hand mit der Hybridisierung von Weizen und vielen anderen glutenhaltigen Getreidesorten gehen. Im Unterschied zum Getreide, das unsere Vorfahren aßen, sind viele moderne Sorten mittlerweile genetisch modifiziert, enthalten viel mehr Gluten, wurden fast all ihrer Nährstoffe beraubt und werden mit riesigen Mengen von Chemikalien behandelt, um höhere Erträge zu erwirtschaften. Aufgrund der gestiegenen Glutenmengen im modernen Weizen und der Tatsache, dass wir mehr Getreide als je zuvor verzehren, bringen Wissenschaftler die intensiven Anbaumethoden und unsere Essgewohnheiten mit der Zunahme von Glutensensitivität und Zöliakie in Zusammenhang.

Es mag ungewohnt sein, nicht mit dem üblichen Weizenmehl zu backen, doch ich zeige Ihnen, dass das nicht nur einfach und gesund ist, sondern auch unglaublich köstlich schmeckt.

WAS BEWIRKT GLUTEN?

Gluten leitet sich vom Lateinischen her und bedeutet „Kleber". Und genauso wirkt es in Brot oder Kuchen: Es macht den Teig elastisch, indem es die Zutaten bindet und Luft im Teig hält, so verleiht es dem Gebäck Form, Textur und Struktur. Wurde das Gluten durch zu langes Kneten überarbeitet oder hatte nicht genügend Zeit, sich zu entwickeln, sind hartes Brot und schwerer, gummiartiger Kuchen die Folge.

GLUTENFREIE MEHLE UND STÄRKEN KOMBINIEREN

Das Wichtigste beim glutenfreien Backen ist, Mehle und Stärke clever zu kombinieren. Wenn Sie z. B. Weizenmehl durch dieselbe Menge braunes Reismehl ersetzen, wird das Ergebnis nicht begeistern. Mischt man braunes Reismehl aber mit Buchweizenmehl und ein wenig Pfeilwurzelstärke, wird das Ganze gleich sehr viel ansprechender. Die Kombination von Mehlen bringt außerdem Abwechslung ins Spiel und verbessert die Nährstoffbilanz. Für meine Produkte habe ich spezielle Mischungen entwickelt, halten Sie sich daher genau an die Vorschläge in den Rezepten.

GLUTENFREIE STÄRKEN UND BACKHILFEN

Die zutatenbindenden Eigenschaften des Glutens müssen ersetzt werden durch glutenfreie Stärken aus Pfeilwurzel, Mais oder Kichererbsen. Diese natürlichen Stärken werden nur in kleinen Mengen benötigt, um Zutaten zu binden, die Produkte luftiger zu machen und die Textur insgesamt zu optimieren.

Pfeilwurzelstärke, Maisstärke (Speisestärke) und Kichererbsenmehl

Für die meisten Kuchen verwende ich Pfeilwurzelstärke zum Binden, weil sie sehr gut verdaulich ist. Bei einigen Rezepten ist sowohl eine Kombination von Mehlen als auch von Stärken nötig. In diesen Fällen kombiniere ich Pfeilwurzelstärke mit Maisstärke – die weiße Stärke, die aus dem ganzen Maiskorn isoliert wird – oder mit Kichererbsenmehl. Letzteres hat eine auffallend gelbe Farbe und wird aus gehäuteten, fein gemahlenen Kichererbsen gewonnen. In der indischen Küche ist es eine Grundzutat. Das Mehl ist sehr proteinreich, es fördert die Bindung der Zutaten und das Aufgehen der Teige. Zudem ist es ein guter Ei-Ersatz.

Backpulver und Backnatron

Beide sorgen für gutes Aufgehen und machen das Gebäck leichter. Backnatron unterstützt bei einigen Backwaren zudem die Krustenbildung. Verwenden Sie glutenfreie Sorten.

Xanthan und Guarkernmehl

Ich versuche, Verdickungsmittel zu vermeiden, aber in wenigen Rezepten dieses Buches ist etwas zusätzliche Hilfe für die Bindung nötig. Sie benötigen nur winzige Mengen dieser effektiven Substanzen. Sie lassen die Teige sehr gut aufgehen und sind deshalb vor allem beim veganen und eifreien Backen sinnvoll.

GLUTENFREIE VOLLKORNMEHLE UND GETREIDEFREIE MEHLE

Mehl liefert beim Backen Struktur, Textur, Geschmack und Nährstoffe. Vollkornmehle stecken voller wichtiger Vitamine und Mineralien, Ballaststoffe, Proteine, Eisen und komplexer Kohlenhydrate. Letztere sorgen für lang andauernde Energiezufuhr.

Mehle, Flocken oder ganze Körner sind ein wesentlicher Bestandteil der Ernährung. Ich vermeide fertige glutenfreie Mehlmischungen: Sie enthalten nicht mehr so viele Nährstoffe und wurden oftmals mit Zusatzstoffen und Stabilisatoren versetzt. Wer auf Getreide ganz verzichten möchte, kann gemahlene Nüsse, Nussmehle und Kokosmehl verwenden. Siehe auch Pseudogetreide S. 18.

Braunes Reismehl

Dank der gesunden Kleie hat braunes Reismehl ein intensiveres Aroma als raffiniertes Weizenmehl. Trotzdem ist sein Geschmack noch relativ neutral. Das Mehl ist ideal zum Experimentieren. Es lässt sich hervorragend mit Buchweizen- und Teffmehl und etwas Pfeilwurzelstärke kombinieren.

Kastanienmehl (getreidefrei)

Gemahlen aus getrockneten Kastanien, hat dieses Mehl ein intensives süßes und nussiges Aroma. Es besitzt eine feine Textur und benötigt nur eine geringe Zugabe von Mehlen wie Reis-, Buchweizenmehl oder Sorghumhirse. Kastanien bestehen größtenteils aus Stärke, aber sie sind auch eine gute Quelle für Mineralstoffe, Vitamine, Proteine und Ballaststoffe.

Kokosmehl (getreidefrei)

Kokosmehl enthält sehr viele Ballaststoffe (mehr als Weizenkleie) und liefert weniger Kohlenhydrate als Soja- und Nussmehle. Es ist allerdings nicht ganz billig. Sie benötigen aber nur geringe Mengen, denn es dehnt sich während des Backprozesses stark aus und erhöht die Ausbeute an Backwaren um bis zu 50 %. Kokosmehl hat einen leicht süßlichen Kokosgeschmack, weshalb es sich gut mit Schokolade und Vanille kombinieren lässt.

Gemahlene Nüsse (getreidefrei)

Nüsse enthalten einfach ungesättigte Fettsäuren sowie Vitamin E, Magnesium und Kalium. Als gute Quelle für pflanzliche Proteine verwende ich oft ganze und gemahlene Nüsse. Sie sorgen für eine hervorragende Textur. Ihr Ölgehalt macht Backwaren weich und saftig. Mahlen Sie die Nüsse in einem Mixer, bis feine Krümel entstehen. Nicht zu lange mahlen, sonst wird das Ganze zu ölig.

Hirsemehl

Ein sehr weiches Mehl, das Backwaren einen leicht sandigen Biss und ein süßes Nussaroma verleiht. Am besten kombiniert man es mit leichteren Mehlen wie braunem Reis- oder Buchweizenmehl. Hirsemehl wird aus den kleinen, runden gelben Samen eines Süßgrases gemahlen und ist leicht bekömmlich.

Hafermehl

Hafermehl verleiht Backwaren eine zarte Textur und macht Kekse mürbe. Auch Haferflocken und gekeimter Hafer eignen sich prima zum Backen. Wählen Sie bei Glutensensitivität oder -intoleranz glutenfreie Sorten.

Polenta (Maismehl)

Maismehl wird aus getrockneten Maiskörnern gemahlen. Es hat eine kräftige gelbe Farbe und eine charakteristische grobe Textur, die, kombiniert mit braunem Reismehl, Kuchen und Muffins eine ganz neue Struktur verleiht. Maismehl liefert viele Kohlenhydrate, die Vitamine A, B und E, mehrfach ungesättigte Fette und andere Fettsäuren, zudem viele Mineralien wie Magnesium und Phosphor. Die besten Backergebnisse bringt feine Instant-Polenta.

Sorghum

In Indien und Afrika ist dieses auch als „süßes" Weißmehl bekannte Mehl ein Grundnahrungsmittel. Es ist reich an Antioxidantien, und seine Stärke und Proteine brauchen im Vergleich zu ähnlichen Produkten länger, bis sie verdaut sind. Deshalb ist Sorghummehl besonders für Diabetiker geeignet. Im Gegensatz zu anderen glutenfreien Vollkornmehlen hat Sorghum eine weiche, glatte Textur und einen milden Geschmack. Ideal für zarten Biskuitkuchen.

Teffmehl

Teff ist das winzige Korn einer Grasart und unglaublich nährstoffreich. Mit seinem mild-süßen Melassearoma und seiner leicht groben Griffigkeit ist Teff ein Geschmacks- und Texturverstärker.

PSEUDOGETREIDE:
AMARANT, BUCHWEIZEN UND QUINOA

Im Gegensatz zu echtem Getreide gehören diese Samen-
körner nicht zu den Süßgräsern und werden daher als
Pseudogetreide bezeichnet. Ungemahlen können sie in
vielen herzhaften und süßen Speisen verwendet werden,
etwa in Salaten, Eintöpfen oder Porridge.

Amarant
Bei den Azteken, Mayas und Inkas war Amarant ein Grund-
nahrungsmittel. Er liefert viele Ballaststoffe, Eisen, Proteine
und Lysin und hat ein herrlich nussiges und erdiges Aroma.
Ich verwende lieber ganze Körner als das Mehl, weil ich die
Textur der kleinen, blassen Samen schätze.

In Verbindung mit Flüssigkeit und Hitze wird die Stärke
in den Samen aktiviert und es entsteht ein gelartiger und
dickflüssiger Brei: eine nützliche Eigenschaft für glutenfreies Backen.

Buchweizen
Buchweizenmehl hat ein angenehmes Nussaroma und eine
leicht körnige Textur. Buchweizen ist wie Rhabarber und
Sauerampfer ein Knöterichgewächs und lässt sich gut mit
braunem Reismehl und Kastanienmehl kombinieren.

Das Pseudogetreide liefert Proteine, Vitamin A, Selen
und Rutin, eine Substanz, die Herz und Gefäße schützt. Ich
verwende die ganzen Körner als Schrot – das macht Brote,
Muffins und rohe Tarteböden knusprig – oder als Flocken
ähnlich wie Hafer in Energieriegeln und Porridge.

Quinoa
Obwohl ich gern mit den ganzen Körnern koche – auch
sie waren ein Grundnahrungsmittel der Inkas, verwende
ich beim Backen nur Quinoamehl und -flocken. Der leichte
Grasgeschmack passt gut zu herzhaften Backwaren wie
Brot. Quinoa liefert 60 % mehr Protein als Weizen und Gerste. Die ganzen Körner sind eine hervorragende Alternative
zu Couscous und Bulgur und auch ein köstliches Porridge
lässt sich daraus zubereiten.

VEGANISMUS UND EI-ERSATZ

Viele Rezepte in diesem Buch werden ohne Eier und Honig
zubereitet und sind damit vollständig frei von tierischen
Produkten. Eier haben zwar beim Backen eine wichtige
Funktion, weil sie die Zutaten binden, den Teig aufgehen
lassen und saftig machen, doch gibt es gute pflanzliche
Alternativen. Ich verwende beispielsweise Chia-Samen,
gemahlene Leinsamen und Psyllium (Flohsamen) als
Bindungsmittel.

Chia-Samen und gemahlene Leinsamen
Beide besitzen quellende Qualitäten, d. h. in Flüssigkeiten
vergrößern sie ihr Volumen und es entsteht eine Art Gel.
In der veganen Bäckerei kann es anstelle von Eiern zum
Binden der Zutaten eingesetzt werden.

Als grober Richtwert gilt: 1 Ei entspricht 3 EL Wasser
(oder Pflanzenmilch), gemischt mit 1 EL Chia-Samen oder
gemahlenen Leinsamen. Beide Samen sind überaus nahr-
haft: Sie liefern reichlich essenzielle Fette, Ballaststoffe und
Proteine.

Flohsamenpulver (Psyllium-Pulver)
Das Pulver wird aus den Samen einer in Indien und
Pakistan beheimateten Pflanze gewonnen. Die Samen sind
feuchtigkeitsbindend, d. h. in Flüssigkeit quellen sie ähnlich
wie Chia-Samen und gemahlene Leinsamen.

Seine Bindungskraft ersetzt nicht nur das Ei, sondern
auch Gluten. Durch die Zugabe von Flohsamenpulver
werden die Produkte nicht krümelig. Als Quelle löslicher
Ballaststoffe eignet es sich außerdem gut bei Verstopfung.

Apfelmus
Schenkt Süße und kompensiert den Feuchtigkeitsverlust,
wenn ohne Ei gebacken wird. Siehe auch „Schnelles
Apfelmus" auf S. 32.

Apfelessig und Backnatron
Eine wirkungsvolle Kombination beim Backen ohne Ei.
Siehe auch S. 11.

Kichererbsenmehl, Xanthan und Guarkern
Siehe S. 16.

Aroma-Booster und Superfoods

Die folgenden Zutaten sorgen für den letzten Schliff, einen fabelhaften Geschmack und liefern zusätzlich noch jede Menge wertvolle Nährstoffe!

Kakaobutter

Bei Kakaobutter handelt es sich um den cremigen Fettanteil, der von den festen Bestandteilen der Kakaobohne getrennt wird und eine Vielzahl von essenziellen Fetten birgt.

Kakao

Nicht von ungefähr bezeichneten Mayas und Azteken Kakao „als göttliches Nahrungsmittel". Er ist eine gute Quelle für Antioxidantien und liefert außerdem Eisen, Magnesium, Vitamin C, Mangan, Kupfer, Ballaststoffe, Omega-6-Fettsäuren und Theobromin. In meinen Rezepten verwende ich Rohkakao in zwei Formen:

Kakaonibs sind die unbearbeiteten, knusprigen Stücke der getrockneten rohen Kakaobohne.

Kakaopulver wird durch das Mahlen der getrockneten Kakaobohnen gewonnen. Im Gegensatz zu hitzebehandelten Pulvern, die Süßungsmittel, Milchpulver und andere künstliche Zusatzstoffe enthalten, handelt es sich bei rohem Kakaopulver um ein reines Produkt.

Carobpulver (Johannisbrotpulver)

Carobpulver erinnert geschmacklich an Schokolade, enthält aber mehr natürlichen Zucker und weniger Fett als Kakao. Gewonnen wird es aus der getrockneten Pulpe der Carob- oder Locustbohne. Es ist reich an Phosphor, Kalzium und Vitamin E.

Zitrusfrüchte

Insbesondere Zitrusschalen bringen Süße ins Gleichgewicht, schenken Frische und runden die Aromen ab. Verwenden Sie ausschließlich ungewachste Bio-Früchte.

Eier

Kaufen Sie die Eier von frei laufenden Hühnern, am besten vor Ort und in Bio-Qualität. Eier sind nicht nur eine wichtige Zutat beim Backen, sondern auch unglaublich nährstoffreich. Sie liefern Proteine, Vitamine und Omega-3-Fettsäuren, Kalzium und Zink.

Blüten und Blütenwasser

Frische Blütenblätter und Blumen sind nicht nur sehr dekorativ, sondern liefern auch aufregende Aromen. Getrocknete Blüten können gemahlen werden und in Schokotrüffelmasse oder Kuchen- und Keksteige gegeben werden. Soll das Blütenaroma stärker sein, verwende ich Rosen- oder Orangenblütenwasser. So bekommen die Kuchen zusätzlich eine orientalische Note.

Kräuter

Kräuter runden die Aromen in einem Kuchen ab oder peppen sie auf. Ein gutes Beispiel dafür ist meine „Zucchinitorte mit Avocado-Limetten-Creme" (s. S. 36).

Himalayasalz und grobes Meersalz

Salz ist so wichtig, weil es Aromen zum Leben erweckt. Himalayasalz zählt zu den reinsten Salzformen auf der Erde, ist frei von Toxinen und, wie Meersalz auch, reich an Vitaminen und Mineralien.

Lucumapulver

Lucuma ist eine peruanische Frucht mit ausgezeichnetem Geschmack und Nährstoffprofil. Neben Beta-Karotin und Vitaminen liefert sie Ballaststoffe. Das Pulver ist ein natürliches Süßungsmittel mit einer feinen Süße, malzig und leicht nach Möhre und Orange schmeckend. Die perfekte Ergänzung für die Aromen von Kakao, Maca und Carob. Ich gebe es gern zu roher Schokolade, heißem Kakao und in Cashewcreme.

Macapulver

Macapulver schmeckt etwas kräftiger als das Lucumapulver. Geben Sie also nicht zu viel hinzu! Es ist ähnlich malzig und karamellsüß, schmeckt aber rasch bitter, wenn man zu viel nimmt. Seine leichte Karamellnote harmoniert mit Kakao.

Tees

Schwarze und grüne Tees enthalten kraftvolle Antioxidantien und schützen uns vor Herzerkrankungen. Ein einfacher aufgegossener schwarzer Tee ist ideal, um darin getrocknete Früchte einzuweichen und ihnen zusätzliches Aroma zu verleihen. Ich verwende Tees auch wegen ihres besonderen Geschmacks, z. B. Chai-Tee in meinem „Extra fruchtigen Früchtebrot" (s. S. 77).

Das gehört in den Vorratsschrank

Wenn Ihr Vorratsschrank und Gefrierschrank gut bestückt und klar strukturiert sind, haben Sie alles parat, um natürlich und gesund zu kochen.

Beste Zutaten

Keine Frage: Je besser die Grundzutaten, desto besser das Ergebnis. Die Voraussetzung für Qualität ist Wissen über Herkunft und Erzeugung der Lebensmittel. Greifen Sie möglichst auf natürlich hergestellte Nahrungsmittel zurück. Da die Zutaten frisch sein sollen, kaufen Sie am besten Saisonales aus der Region oder bauen es selbst an. Wenn Kräuter, Obst und Gemüse kurze Transportwege haben, schmecken sie besser und liefern ihr Maximum an Nährstoffen. Ökologischer Landbau ist nachhaltig und deshalb besser für die Umwelt und für uns. Wenn möglich, verwende ich zudem Fair-Trade-Waren.

Besonders bei dünnschaligen Produkten, deren Schale Sie mitessen, sollten Sie auf Bio-Qualität Wert legen, z. B. bei Äpfeln oder Beeren. Frisches Obst und Gemüse müssen vor dem Verzehr gewaschen werden.

Mehle, Süßungsmittel, Fette und Öle kaufe ich von regionalen Anbietern. In den Rezepten verwende ich meine selbst gemachte Schokolade (s. S. 156) mit 80 % Kakaoanteil. Fehlt Ihnen die Zeit oder mangelt es an Zutaten, können Sie dunkle Bitterschokolade kaufen. Am besten wird das Ergebnis mit einer Sorte mit 85 % Kakaoanteil. Werfen Sie einen Blick auf die Zutatenliste: Nur Kakaobohnen bzw. -masse, Kakaobutter und etwas Rohrzucker sollten enthalten sein.

Verzichten Sie auf Nahrungsmittel aus Massenproduktion. Regionale, saisonale und natürliche Lebensmittel liefern mehr Geschmack und gute Inhaltsstoffe. Achtsames Essen umfasst den gesamten Prozess: die bewusste Auswahl der Zutaten, deren sorgfältige Zubereitung und das Essen zum Schluss. Schätzen Sie es und genießen Sie!

Vorratshaltung

Nüsse, Samen, Trockenfrüchte, Mehle, Getreide und Süßungsmittel sind günstiger, wenn Sie diese in größeren Mengen einkaufen. Ein gut gefüllter Vorratsschrank ist eine großartige Investition, Sie sparen Zeit und Geld.

Wenn saisonales Obst und Gemüse reif sind, lohnt es sich, mehr zu kaufen und einzufrieren. Waschen Sie alles gründlich. In den kälteren Monaten können Sie z. B. Apfelpüree zubereiten. Alles, was Sie außerhalb der Haupterntezeit kaufen, ist teurer und hat viel weniger Geschmack!

Lagern

Ich persönlich ziehe Glasgefäße Behältern aus Kunststoff vor, denn Plastik kann schädliche Chemikalien wie Bisphenol enthalten. Leere Schraubgläser in allen Formen und Größen sind äußerst nützlich.

Mehle und Süßungsmittel Bewahren Sie Mehl und Zucker luftdicht verpackt bei Zimmertemperatur auf. Flüssige Süßungsmittel bleiben in den Flaschen oder Gefäßen, in denen sie gekauft wurden. Achten Sie stets auf das Haltbarkeitsdatum.

Nüsse und Samen In der Kaufpackung aufbewahren oder aktivieren, trocknen und in Gläser füllen (s. S. 25). Nüsse und Samen gehören in den Kühlschrank.

Öle, Fette und Schokolade Kühl aufbewahren, vor Hitze oder Sonnenlicht schützen. Schokolade, Kokosöl und -butter in den wärmeren Monaten im Kühlschrank lagern. Nussmus und Samenpaste am besten immer in den Kühlschrank stellen.

Gewürze, Extrakte und Blütenwässer Kühl, trocken und luftdicht in Gläsern lagern. Auf das Haltbarkeitsdatum achten.

Vanilleschoten In einem luftdichten Gefäß an einem kühlen, trockenen, dunklen Ort aufbewahren. Nicht in den Kühlschrank legen.

Tipps zu den Rezepten

Lesen Sie die Rezepte immer erst gründlich durch, bevor Sie anfangen. Wenn es mit dem Backen losgeht, zählt Präzision.

Backofen

Alle Rezepte wurden in einem professionellen Konvektions-Heißluftofen getestet. In diesem Buch gebe ich die Backzeiten und -temperaturen für Herde mit Ober- und Unterhitze an. Es sind Richtwerte, die je nach Backofen variieren können. Bitte beachten Sie die Angaben Ihres Ofenherstellers.

Heizen Sie den Backofen stets vor, damit er die erforderliche Temperatur vor dem Backen erreicht. Auf mittlerer Einschubleiste backen, nach der Hälfte der Backzeit das Produkt bzw. die Form ggf. drehen.

Abmessen

Messen Sie alle Zutaten mithilfe einer elektronischen Waage und Messlöffeln exakt ab. Alle Löffelmaße beziehen sich auf gestrichene Löffel.

Zitrusfrüchte

Kaufen Sie Früchte in Bio-Qualität, vor allem, wenn die Schale verwendet wird.

Datteln/Medjool-Datteln

Alle Gewichtsangaben beziehen sich auf getrocknete, entsteinte Datteln.

Eier

In allen Rezepten werden Eier der Größe L verwendet. Sie sollten Zimmertemperatur haben.

Gefiltertes Wasser

Möglichst immer gefiltertes Wasser verwenden.

Mehle

Alle verwendeten Mehle sind Vollkornmehle.

Nüsse rösten

Durch das Rösten entfalten Nüsse ihr volles Aroma. Am besten gelingt es im Backofen bei max. 180 °C und in ca. 7 Min. Wer rohe Nüsse bevorzugt, überspringt diesen Schritt.

Ausstattung

Backpapier – möglichst ungebleicht.

Mixer – so leistungsfähig wie möglich. Unerlässlich zum Mahlen von Nussmehlen, für die Zubereitung von Nussmilch, Saucen und rohen Kuchenfüllungen.

Schneidbretter – nehmen Sie lieber welche aus Holz statt aus Kunststoff.

Dehydrator – zum Trocknen von aktivierten Nüssen, Samen und Buchweizenkeimen.

Küchenmaschine – investieren Sie in eine strapazierfähige. Ideal zum feinen oder groben Hacken und um Zutaten für rohe Kuchenböden und Riegel zu zerreiben und zu vermengen.

Handrührgerät – praktisch zum schnellen Schlagen und Mixen.

Reiben – eine feine für Zitrusschalen und eine Vierkantreibe zum Reiben von Gemüse.

Stabmixer – sinnvoll für die Zubereitung von glatten Saucen, Cremes und Ganache.

Küchenwaage – möglichst eine digitale Waage verwenden.

Messer – Sie brauchen ein Set scharfer Messer zum Hacken und ein kleines Winkel-Palettenmesser zum Verstreichen von Glasuren, Cremes und Konfitüren.

Nussmilchbeutel – nach jeder Benutzung waschen und trocknen.

Schüssel und Messbecher aus Glas, Keramik oder Metall – verwenden Sie möglichst keine Kunststoffgefäße.

Töpfe – nehmen Sie Edelstahltöpfe oder gusseiserne mit Emaille-Beschichtung.

Silikonspatel – einfach unerlässlich beim Backen.

Teelöffel- und Esslöffel – für akkurates und gleichmäßiges Abmessen.

Zutaten, die man in meinem Küchenregal findet. Oberes Regal (von links nach rechts): Amarant, getrocknete Kamillenblüten, Medjool-Datteln, Kakaonibs (oben), Popcorn-Mais (unten), Bienenpollen, Goji-Beeren, Himalayasalz, glutenfreie Haferflocken, Buchweizenflocken. Unteres Regal (von links nach rechts): Zimtstangen (oben), weiße Maulbeeren (unten), Inkabeeren (oben), Sternanis (unten), Kokosflocken, geschälte Hanfsamen, getrocknete Kichererbsen, Hirseflocken.

GRUNDREZEPTE

Hier zeige ich Ihnen, wie Sie Nüsse, Samen, Getreide und Pseudogetreide schonend vorbereiten und daraus köstliche Cremes zaubern; die vielseitigen Rezepte für Nussmilch und -mus, Fruchtkonfitüre und Grundteig sind einfach unbezahlbar.

Einweichen und trocknen

Weicht man Nüsse, Samen, Getreide und Hülsenfrüchte ein, profitieren Geschmack und Ihre Gesundheit. Das Einweichen (Aktivieren) maximiert die Aromen dieser Zutaten, macht sie süßer und ihre Nährstoffe können besser aufgenommen werden.

Der Hintergrund: In den Schalen und äußeren Häuten von Nüssen, Samen, Getreide und Hülsenfrüchten befinden sich „Anti-Nährstoffe" in Form von Phytaten (oder Phytinsäure). Sie rauben unserem Körper Nährstoffe, da sie während des Verdauungsvorgangs viele Vitalstoffe wie Kalzium, Eisen und Zink unlöslich binden. Durch das Einweichen wird die Phytinsäure reduziert, die Nährstoffe werden aufgeschlossen und unserem Körper zur Verfügung gestellt. Außerdem werden Enzyminhibitoren neutralisiert, die eine effektive Verdauung behindern. Eingeweichte Nahrung lässt sich leichter verdauen und reduziert das Risiko von Blähungen. Das Ganze kann man durch Zugabe von Salz oder saurer Flüssigkeit verstärken.

Bei Rohkost-Cremes sorgt das Einweichen der Nüsse später für die glatte Konsistenz. Eine kleine Menge Phytinsäure ist in Ordnung, machen Sie sich keine Gedanken, wenn Sie keine Zeit zum Aktivieren und Trocknen haben. Die Rezepte funktionieren trotzdem.

EINWEICHEN

Wenn Sie Nüsse, Samen, Pseudogetreide, Getreide oder Hülsenfrüchte einweichen, nehmen Sie zweimal so viel Wasser, wie diese wiegen. Bei Nüssen und Samen geben Sie noch 1 EL Salz auf 500 ml, bei Pseudogetreide und Getreide 1 TL Zitronensaft oder Apfelessig.

Die angegebenen Zeiten sind Richtwerte. Weichen Sie aber nie länger als 12 Std. ein, dann gehen die Nährstoffe verloren.

250 g Nüsse, Samen, Pseudogetreide, Getreide oder Hülsenfrüchte mit 500 ml Wasser, 1 TL Himalayasalz oder 1 TL Säure in eine Schüssel geben und für die angegebene Zeit einweichen.

Danach abgießen und mit frischem Wasser abspülen.

Anschließend weiter je nach Rezept verarbeiten. Am besten verwendet man eingeweichte Nüsse und Samen sofort, im Kühlschrank halten sie sich einige Tage. Sie können getrocknet oder eingefroren werden.

Nüsse und Samen

Mandeln und Haselnüsse sind sehr hart und müssen 8–10 Std. eingeweicht werden. Walnüsse, Pistazien und Pekannüsse sind etwas weicher, da reichen 6–8 Std. Die noch weicheren Cashewnüsse werden 3–4 Std. in Wasser gelegt. Paranüsse, Macadamianüsse und Pinienkerne müssen nicht eingeweicht werden.

Kürbis- und Sonnenblumenkerne brauchen 8 Std., Leinsamen, Sesam und Mohn ebenfalls. Geschälte Hanfsamen müssen nicht eingeweicht werden.

Pseudogetreide, Getreide und Hülsenfrüche

Amarant, Buchweizen, Quinoa und Getreide wie Hirse und Reis werden 8–12 Std. eingeweicht. Hülsenfrüchte wie Linsen, Kichererbsen und getrocknete Bohnen benötigen ca. 12 Std.

AKTIVIERTE, GETROCKNETE NÜSSE, SAMEN UND SCHROT

Wenn Sie Nüsse, Samen oder Buchweizenschrot aktivieren und trocknen, schmecken sie anschließend weniger bitter und sind besser verdaulich. Zum Trocknen einen Dehydrator auf 45 °C einstellen und je nach Größe und Menge das Ganze 12–48 Std. trocknen lassen. Wer keinen Dehydrator hat, stellt den Backofen auf niedrigste Temperatur und probiert Nüsse und Samen alle paar Stunden.

Harte Nüsse wie Mandeln und größere wie Walnüsse trockne ich ca. 48 Std., kleinere Samen und Buchweizenschrot ca. 24 Std. Anschließend in Gläser füllen und im Kühlschrank aufbewahren. Buchweizenschrot kann in den Vorratsschrank.

Nussmus – Grundrezept

MANDEL-, HASELNUSS- UND CASHEWMUS

Für die richtige Konsistenz brauchen Sie nur Nüsse, einen leistungsstarken Mixer – und das Wichtigste: Zeit. Die kleine Menge Hitze vom Motor der Küchenmaschine hilft den Nüssen, ihre Öle freizusetzen und sich in eine dicke Nusspaste zu verwandeln. Ich verwende meist Cashew-, Mandel- und Haselnussmus. Ersteres ist am cremigsten und hat ein neutrales Aroma, Mandeln und Haselnüsse dagegen verleihen Backwaren Textur und Geschmack. Wenn Sie möchten, können Sie Mandelhäute direkt nach dem Einweichen lösen, Haselnüsse erst rösten, dann in ein Geschirrhandtuch geben und die Haut abrubbeln.

Selbst gemachtes Nussmus schmeckt auch ungesüßt prima. Ich empfehle, die Nüsse vorher zu aktivieren und zu trocknen. Sie schmecken einfach besser und sind bekömmlicher.

Diese Zubereitung funktioniert bei allen Nüssen. Probieren Sie es mit Ihrer Lieblingssorte oder einer Kombination aus Nüssen.

Ergibt 350 g glattes Nussmus

350 g ganze Haselnuss-, Mandel- oder Cashewkerne, vorzugsweise aktivierte und getrocknete (s. S. 25)
¼ TL Himalayasalz

Die Nüsse in einen leistungsstarken Mixer geben und zerkleinern. Nach 5–10 Min. wird die Maschine heiß und es bildet sich langsam eine ölige Paste. Zwischendurch am Rand klebende Zutaten herunterkratzen. Salz zufügen und weiter mixen. Jetzt heißt es durchhalten: So lange mixen, bis ein glattes, streichfähiges Mus entsteht. In ein Glas geben und in den Kühlschrank stellen. Dort hält es mind. 1 Monat.

Das Ganze dauert bei härteren, öligeren Sorten wie Mandeln 30–40 Min., 20–30 Min. bei Haselnüssen und 10–15 Min. bei weicheren Nüssen wie Cashews.

TIPPS ZUR MUSZUBEREITUNG

1. Wichtig: Nur trockene Nüsse verwenden. Sind die Nüsse feucht, ist das Mus nicht lange haltbar.

2. Das natürliche Öl der Nüsse trägt beim Mahlen dazu bei, dass eine Paste entsteht. Für ein kräftigeres Aroma die Nüsse vorher rösten.

3. Was Leistung und Geschwindigkeit anbetrifft, variieren Mixer stark. Zum Schluss die glatte Paste in ein Glas füllen.

Nusssahne – Grundrezepte

Pflanzliche Sahnealternativen eignen sich nicht nur für Kuchen und Desserts, sondern auch für viele Gerichte der Alltagsküche.

CASHEWSAHNE

Cashewnüsse können zu Milch und seidigen Cremes verarbeitet werden. Die leckere Sahne passt zu vielen Kuchen und bildet auch die Basis für einige Glasuren und Cremes. Bereits pur schmeckt sie köstlich, kann aber auch zusätzlich mit natürlichen Süßungsmitteln oder anderen Aromen wie Vanille verfeinert werden.

Soll es herzhaft sein, geben Sie Hefeflocken oder -extrakt zu, etwas Apfelessig oder Zitrone und Salz.

Ergibt ca. 380 g
200 g Cashewkerne (ca. 260 g Gewicht nach dem Einweichen)
500 g gefiltertes Wasser
1 TL Himalayasalz
130 ml Mandelmilch (s. S. 28)

Die Cashewkerne in gefiltertem Wasser mit Himalayasalz 3–4 Std. einweichen. Abgießen und gut abspülen. Die Nüsse mit der Mandelmilch in einem leistungsstarken Mixer mixen, bis eine glatte Konsistenz entsteht. Im Kühlschrank hält sich die Sahne in einem verschlossenen Glas mind. 4 Tage.

GESCHLAGENE KOKOSSAHNE

Servieren Sie diese traumhaft leichte Sahne zu Kuchen, frischen Früchten oder Sorbets, oder geben Sie einen Klecks auf warme Pfannkuchen und Waffeln. Nach Belieben mit etwas Honig, hellem Kokosblütensirup oder Vanille verfeinern. Ahornsirup mit seinem kräftigen Aroma eignet sich dafür nicht.

Ergibt ca. 240 g geschlagene Sahne
400 ml Kokosmilch (Dose)

Die ungeöffnete Dose über Nacht in den Kühlschrank stellen. Am nächsten Tag die Dose öffnen und die Creme, die sich oben abgesetzt hat, abschöpfen. Sie benötigen davon 240 g. Die restliche dünnere Milch in ein Glas füllen und beiseitestellen.

Die Creme mit den Schneebesen eines Handrührgeräts so lange schlagen, bis sich Spitzen bilden.

Die geschlagene Sahne sofort verwenden oder in den Kühlschrank stellen. Sie dickt etwas nach, ggf. vor dem Servieren noch einmal kurz aufschlagen. Sie hält sich bis zu 5 Tage im Kühlschrank. Die flüssige Kokosmilch nach Belieben zum Verdünnen der Sahne oder in Smoothies oder Porridge verwenden.

VARIATION

Geschlagene Vanille-Kokossahne
Das Mark von ¼ Vanilleschote und ein klares, flüssiges Süßungsmittel zur Kokossahne geben.

Nussmilch – Grundrezept

Industriell produzierte Nussmilch enthält oft Verdickungs- und Süßungsmittel. Ich bereite sie deshalb lieber selbst zu. Wer keine Zeit hat, nimmt statt selbst gemachter Mandel- oder Cashewmilch gekaufte, geschmacksneutrale Milch aus braunem Reis oder Hafer. Selbst gemachte Haselnussmilch kann jedoch nur durch Haselnussmilch ersetzt werden.

Am besten lässt sich die Milch im Mixer zubereiten. Natürlich geht es auch in der Küchenmaschine – zerkleinern Sie die Nüsse so weit wie möglich. Die Milchausbeute ist dann etwas geringer und die Pulpe ein wenig klumpiger. Ich gieße Mandel- und Haselnussmilch durch einen feinmaschigen Beutel ab. Soll die Nussmilch besonders lieblich sein, geben Sie nach dem Zerkleinern ein Süßungsmittel Ihrer Wahl zu. Für die Rezepte in diesem Buch verwende ich ungesüßte Nussmilch, Süßungsmittel kommen getrennt hinzu. Soll die Milch dünner sein, z. B. für Smoothies, mischen Sie sie einfach mit mehr Wasser.

MANDEL-, HASELNUSS-, PISTAZIEN- UND CASHEWMILCH

Ich verwende in fast allen Rezepten Cashewmilch, weil sie bekömmlich ist und ein feines Aroma hat. Sie ist die ideale Basis für andere Geschmacksrichtungen, mit denen sie sich gern verbindet. Cashewmilch liefert sehr viele Proteine und Kalzium sowie Zink, Vitamin E und essenzielle Nährstoffe für die Haut. Mandelmilch lässt sich durch Cashewmilch ersetzen, Haselnussmilch dagegen hat ein etwas kräftigeres Aroma. Dieses Nussmilchrezept lässt sich auf die allermeisten Sorten anwenden. Seien sie experimentierfreudig!

Ergibt 700 ml Mandel- oder Haselnussmilch und 200 g Nussmilch-Pulpe/Ergibt 900 ml Pistazien- oder Cashewmilch
200 g Mandel-, Haselnuss-, Cashew- oder Pistazienkerne
1 TL Himalayasalz zum Einweichen plus ¼ – ½ TL zum Abschmecken
500 ml gefiltertes Wasser zum Einweichen plus 650–850 ml für die Milch

Mandeln oder Haselnüsse 8–12 Std., Pistazien 6–8 Std. und Cashewnüsse 3–4 Std. mit Himalayasalz in gefiltertem Wasser einweichen.

In ein Sieb geben und unter fließend klarem Wasser abspülen. Mit 600 ml gefiltertem Wasser und der gewünschten Menge Salz in einen Mixer geben und 20 Sek. mixen.

Den Mixer ausschalten und wiederholen, bis die Nüsse fein gemahlen sind und eine weiße Milch entstanden ist.

Ein feines Sieb mit einem Nussmilchbeutel oder einem Stück Musselin auslegen und die Milch abgießen. Pistazien- und Cashewmilch müssen nicht abgeseiht werden. Die Pulpe im Mixer mit 50 ml gefiltertem Wasser ausspülen und zur Milch geben. Die Milch nochmals abseihen, bis nur noch die Pulpe übrig bleibt (ca. 200 g). Die Milch ggf. mit gefiltertem Wasser auffüllen, sodass man 700 bzw. 900 ml Milch erhält. In einer verschlossenen Flasche hält sich Nussmilch im Kühlschrank 4–5 Tage.

Werfen Sie die Pulpe nicht weg, sie kann getrocknet (s. S. 25) und in Gläsern aufbewahrt werden. Oder Sie verwenden sie ungetrocknet im Rezept „Reste-Mehrkorn-Quinoa-Brot" (s. S. 87) oder für die „Hanfkräcker mit Kräutern" (s. S. 100).

SAHNIGE, SÜSSE CASHEWMILCH

Mit der seidig-glatten und milden Nussmilch wird alles cremig. Ich verwende sie auch, wenn ich eine Zutat brauche, die dicker als die normale Nussmilch ist. In rohen Desserts ist sie eine Alternative zu Kokosmilch, köstlich schmeckt sie auch warm mit Kakao und etwas Chili, dazu 1 Prise Zimt und Kardamom …

Ergibt 280 ml
70 g Cashewkerne
1 Prise Himalayasalz
200 ml gefiltertes Wasser
½ EL Dattelsirup

Die Kerne mit Himalayasalz 3–4 Std. in gefiltertem Wasser einweichen. In ein Sieb abgießen und mit fließend klarem Wasser abspülen. Die Nüsse mit den Sirup im Mixer vollständig glatt mixen. Abseihen ist nicht erforderlich. Wie Nussmilch aufbewahren (s. o.).

Mürbeteig – Grundrezept

DEN TEIG ZUBEREITEN

Mürbeteig sollte leicht und knusprig sein – und glauben Sie mir, das alles geht auch ohne Butter! Es gibt keinen Grund, sich über gummiartige, zu lange geknetete Teige zu ärgern, denn dieser aus glutenfreiem Mehl – hier eine Kombination aus Buchweizenmehl und gemahlenen Mandeln – ist perfekt, und Kokosöl verleiht ihm die erforderliche Flockigkeit. Da der Teig noch mit frischem Obst, Creme oder anderem belegt wird, muss er nicht so süß sein.

Im Kapitel „Tartes und Pies" verwende ich den vielseitigen Grundteig sehr oft. Nach Belieben können Sie die Mandeln durch Haselnüsse ersetzen (wie in der „Schoko-Nuss-Tarte" s. S. 121); oder bereiten Sie den Teig mit Pekannüssen zu und belegen ihn mit einer Apfel-Blaubeerfüllung; zu einem Pistazienteig passen Himbeeraufstrich (s. S. 32) und dunkle Trüffelfüllung (s. S. 160) … Die Möglichkeiten sind schier endlos!

Auch für herzhafte Rezepte ist er geeignet z. B. die „Tomaten-Paprika-Pissaladière" (s. S. 126) und die „Sesam-Pekan-Tartes mit Wurzelgemüse" (s. S. 125).

Wenn Sie Teig übrig haben, können Sie aus dem Rest Cookies backen oder ihn einfrieren.

Ergibt 550 g Teig für 2 Tarteformen (Ø 23 cm)
100 g natives Kokosöl plus etwas für die Formen
150 g Buchweizenmehl plus etwas für die Arbeitsfläche
150 g gemahlene Mandeln
60 g Kokosblütenzucker
20 g Pfeilwurzelstärke
½ EL Himalayasalz
Abrieb von 1 Bio-Zitrone
70 ml kaltes Wasser

Ich arbeite mit einem Mixer mit Rührstab-Aufsatz, aber Sie können den Teig auch in einer Rührschüssel mit einem Holzlöffel anrühren.

1. Die Formen mit Kokosöl fetten. Die trockenen Zutaten mit dem Zitronenabrieb mischen. Das geht am besten mit einem Schneebesen, so entstehen keine Klümpchen.

2. Kokosöl zerlassen und nach und nach zu den trockenen Zutaten gießen, dann das Wasser zufügen. Dabei ständig rühren, bis alle Zutaten gut verbunden sind. Jetzt kann der Teig erst in Backpapier, anschließend in Frischhaltefolie gewickelt und max. 1 Monat eingefroren werden. Im Kühlschrank hält er sich 5 Tage.

DIE TARTEFORM MIT TEIG AUSLEGEN

3. Den Teig halbieren. Auf leicht bemehltem Backpapier den Teig mit den Händen zu einem 1 cm dicken Kreis flach drücken. Leicht bemehlen, mit Backpapier belegen und gleichmäßig 3 mm dick ausrollen. Mit der zweiten Portion das Ganze wiederholen. Auf ein Backblech legen und 10 Min. kalt stellen.

4. Aus dem Kühlschrank nehmen, die obere Lage Backpapier abziehen und den Teig in die Form stürzen. Dann die zweite Lage Backpapier ebenfalls abziehen. Den Teig behutsam in die Form drücken. Kleine Löcher im Teig ausbessern. So können Sie ihn bis zu 5 Tage im Kühlschrank lagern oder 1 Monat einfrieren.

BLINDBACKEN

5. Darunter versteht man das Vorbacken eines Teigs. Dafür den Teig mit einem Stück Backpapier belegen, mit Hülsenfrüchten oder Reiskörnern beschweren und bei 170 °C im vorgeheizten Ofen backen (Backzeit je nach Rezept).

6. Hülsenfrüchte oder Reis und Backpapier entfernen und den Boden in weiteren 10 Min. goldgelb backen. Dann wie im Rezept angegeben fortfahren.

GRUNDREZEPTE 31

Fruchtaufstriche und Apfelmus

Mit natürlichen Süßungsmitteln lassen sich herrlich frisch schmeckende Aufstriche und Apfelmus zubereiten.

SCHNELLE HIMBEERKONFITÜRE

Das Rezept für den schnellen rohen Himbeer-Chia-Aufstrich (s. u.) ist großartig, wenn es einfach sein soll. Manchmal ist aber auch eine süßere, traditionellere Version gefragt. Diese Konfitüre ist so aromatisch, dass davon nur kleine Mengen nötig sind. Säuerlich und süß zugleich, rundet sie meine „Schoko-Erdnussbutter-Träume" (s. S. 94) mit Fruchtgeschmack ab.

Ergibt ca. 200 g
200 g frische oder TK-Himbeeren
100 g Traubensaftkonzentrat ohne Zuckerzusatz
50 g Dattelsirup

Ein sterilisiertes 200-ml-Glas im Backofen bei 100 °C erhitzen. Einen kleinen Teller in den Kühlschrank stellen.

Alle Zutaten in einen mittelgroßen Topf geben und aufkochen. Ca. 3 Min. köcheln lassen, dann weitere 5 Min. bei reduzierter Hitze unter gelegentlichem Rühren sanft köcheln. Jetzt ist ein Großteil der Flüssigkeit verdampft. Weitere 5 Min. unter Rühren köcheln, darauf achten, dass nichts ansetzt. Jetzt sollte die Konfitüre dick, klebrig und noch leicht flüssig sein. Nicht zu lange köcheln, sonst wird sie zu hart.

Eine Gelierprobe machen: 1 TL Konfitüre auf dem kalten Teller verstreichen und für einige Min. wieder in den Kühlschrank stellen. Die Konfitüre ist fertig, wenn sich auf dem Teller eine Haut gebildet hat, die Konfitüre aber noch „wackelt", wenn man ihn bewegt. Ist die Konfitüre noch nicht fest genug, einige Min. weiterköcheln, dann erneut testen.

Konfitüre in das erhitzte Glas füllen, mit einem Stück Wachs- oder Backpapier belegen und den Deckel fest zudrehen. Im Kühlschrank hält sie sich 3 Monate.

SCHNELLER HIMBEER-CHIA-AUFSTRICH

Ein tolles Rezept für einen Instant-Fruchtaufstrich, der gut in rohe Desserts passt oder mit Joghurt gemischt werden kann. Die Datteln sorgen fürs Andicken und machen ihn süß, Chia-Samen sorgen für zusätzliche Bindung. Dieser Aufstrich lässt sich am besten mit Himbeeren, Erdbeeren oder Pflaumen zubereiten. Probieren Sie das Rezept mit Ihrer Lieblingsfrucht, achten Sie auf die Balance zwischen Säure und Süße und geben Sie ggf. weitere Datteln oder Zitronensaft hinzu.

Ergibt ca. 300 g
100 g Medjool-Datteln, fein gehackt
200 g möglichst frische oder TK-Himbeeren
½ EL Chia-Samen
½ TL Zitronensaft, nach Belieben

Die Datteln im Mixer zerkleinern und mit 150 g der Himbeeren zu einer glatten Paste vermengen. Am Rand klebende Masse zwischendurch herunterkratzen. In einer Schüssel alles mit den restlichen Himbeeren mischen, diese mit einer Gabel etwas zerdrücken. So bekommt das Ganze mehr Textur. Chia-Samen unterrühren. Mind. 15 Min. quellen lassen, ab und zu umrühren. Abschmecken und nach Belieben Zitronensaft zugeben. In ein sterilisiertes Schraubglas füllen. Der Aufstrich hält sich ca. 5 Tage im Kühlschrank.

Hinweise: Statt Medjool-Datteln können Sie andere süße Datteln verwenden. Sind sie trocken, 30 Min. in warmem Wasser einweichen, dann fein hacken.

Möchten Sie eine kleinere Menge zubereiten, machen Sie dies am besten mit einem Handmixer. Hacken Sie die Datteln (je weicher, desto besser) und zerdrücken Sie diese mit dem Messerrücken zu einer Paste, dann geben Sie die Früchte und zum Schluss die Chia-Samen zu.

SCHNELLES APFELMUS

Schnell und sehr leicht zuzubereiten – Schälen und Entkernen ist nicht erforderlich. Apfelmus steuert nicht nur viele Ballaststoffe bei, es schenkt auch Feuchtigkeit und sorgt dafür, dass Kuchen eine herrlich weiche Textur bekommen. Jede süße Apfelsorte kann verwendet werden, die Garzeiten variieren jedoch.

Ergibt ca. 1 kg
12 Äpfel (je ca. 120–140 g), ich liebe Cox

Den Backofen auf 180 °C vorheizen. Äpfel waschen, abtrocknen und vierteln. Auf ein Backblech legen und in 20–30 Min. weich backen. Abkühlen lassen, die ausgetretene Flüssigkeit nicht abgießen. In einem Mixer Äpfel und Flüssigkeit zu einem glatten, süßen, dicken Püree verarbeiten.

Entweder sofort verwenden oder in Gläser füllen und bis zu 5 Tage kühl aufbewahren. Kann auch eingefroren werden.

Kuchen und Torten

Zucchinitorte mit Avocado-Limetten-Creme, Himbeer-konfitüre und Pistazien

Für 12 Stücke

Avocado-Limetten-Creme

1–2 Avocados (200 g Fruchtfleisch)
250 g Kokosjoghurt
100 g heller Kokosblütensirup
Abrieb von 1½ Bio-Limetten
60 ml Limettensaft
80 g natives Kokosöl, zerlassen

Zucchini-Biskuitboden

60 g natives Kokosöl, zerlassen,
  plus etwas für die Formen
90 g Pistazienkerne
60 g Kokosmehl
1½ TL Backpulver
1½ TL Backnatron
180 g Zucchini, geraspelt
150 g Kokosjoghurt
150 g Kokosblütenzucker
3 Eier
¼ TL Himalayasalz
Abrieb von 3 Bio-Limetten
15 g Basilikumblätter, fein gehackt

Außerdem

170 g Himbeerkonfitüre (s. S. 32) oder
  Himbeerfruchtaufstrich ohne Zucker
8 Basilikumblätter
1 kleine Handvoll Pistazienkerne,
  gehackt
Essbare Blüten, z. B. Geißblatt oder
  Rosen

Eine Torte mit herrlich frischen Sommeraromen, die auch auf dem Geburtstagstisch ein Blickfang ist. Zucchini machen die Biskuitböden schön weich, dazwischen lockt eine Füllung aus erfrischender, leichter Limettencreme und säuerlicher Himbeerkonfitüre. Ich liebe es, den Kuchen zum Schluss mit Pistazien und essbaren Blüten aus meinem Garten zu dekorieren.

Zunächst die Avocado-Limetten-Creme zubereiten. Avocados, Kokosjoghurt, Kokosblütensirup, Limettenschale und -saft im Mixer glatt pürieren. Kokosöl zugeben und nochmals pürieren, bis eine glatte Masse entsteht. Die Creme in eine Schüssel füllen und die Oberfläche vollständig mit Frischhaltefolie abdecken, damit die Creme nicht oxidiert und Farbe verliert. 2–3 Std. in den Kühlschrank stellen.

Den Backofen auf 170 °C vorheizen. Ein Backblech mit Backpapier belegen. Pistazienkerne darauflegen und 5–7 Min. im vorgeheizten Ofen rösten, bis sie Farbe bekommen haben. Abkühlen lassen, dann in kleine Stücke hacken. Den Backofen eingeschaltet lassen.

Drei Tarteformen (Ø 23 cm) mit herausnehmbarem Boden mit Kokosöl fetten und mit Backpapier belegen. Kokosmehl, Backpulver und Backnatron in eine Schüssel sieben. Die restlichen Zutaten mit Ausnahme des Öls in einer zweiten Schüssel verrühren. Mehlmischung und geröstete Pistazien zugeben, dann das Öl unterrühren. Den Teig (ca. 300 g pro Portion) gleichmäßig auf die Formen verteilen. Mit einem Palettenmesser glatt streichen.

Die Böden 20 Min. im vorgeheizten Ofen backen, bis ihre Oberflächen goldbraun sind und sie bei leichtem Druck nachgeben. Die Biskuits abkühlen lassen, aus den Formen nehmen und vorsichtig das Backpapier von den Unterseiten abziehen.

Einen Biskuitboden auf eine Kuchenplatte legen, mit der Hälfte der Himbeer-konfitüre und einem Viertel der Avocado-Limetten-Creme bestreichen. Basilikumblätter klein zupfen und die Hälfte auf die Creme streuen. Den mittleren Boden darauflegen und ebenso belegen. Den dritten Biskuit vorsichtig auflegen und mit der restlichen Creme bestreichen. Den Rand glatt streichen. Die Torte mit gehackten Pistazien und essbaren Blüten garnieren.

Im Kühlschrank hält sich die Zucchinitorte luftdicht verpackt 3 Tage. Am besten schmeckt sie allerdings am Tag der Zubereitung, denn dann sind Aromen und Farben am kräftigsten.

VARIATION

Limettenmousse
Die Avocado-Limetten-Creme als Dessert, bestreut mit frischen Kokosraspeln, in kleinen Gläsern oder Tassen servieren.

Schoko-Haselnuss-Torte mit Honig-Nugat-Ganache

Für 10–12 Stücke

Nugatpaste
90 g Haselnussmus (s. S. 26)
90 g Mandelmus (s. S. 26)
20 g (1 EL) Honig
20 g (4 TL) Palmzucker
¼ TL Himalayasalz

Schoko-Haselnuss-Boden
100 g natives Kokosöl
  plus etwas für die Form
160 g Haselnusskerne
100 g selbst gemachte Schokolade
  (s. S. 156) oder Bitterschokolade
  (85 % Kakao)
100 g Nugatpaste (s. o.)
3 Eier, getrennt
½ TL Himalayasalz
2 TL Vanilleextrakt
50 g Palmzucker

Honig-Nugat-Ganache
90 g selbst gemachte Schokolade
  (s. S. 156) oder Bitterschokolade
  (85 % Kakao)
120 g Nugatpaste (s. o.)
100 ml Haselnussmilch (s. S. 28)
35 g Honig

Genuss pur für Schokoholics! Anstelle von gekauftem Nugat oder Schokoladen-Haselnuss-Aufstrich, die viel Zucker enthalten, habe ich meine eigene Nugatpaste aus Nussmus und natürlichen Süßungsmitteln zubereitet. Sie verleiht der üppigen, ein wenig dekadenten Torte ein wirklich reines Nussaroma, ohne zu süß zu sein.

Den Backofen auf 170 °C vorheizen. Eine Springform (Ø 23 cm) mit Kokosöl fetten und den Boden mit Backpapier belegen. Ein Backblech ebenfalls mit Backpapier auslegen.

Für die Nugatpaste alle Zutaten in einer Schüssel verrühren und beiseitestellen. Für den Tortenboden die Haselnusskerne auf das Backblech legen und 7 Min. im vorgeheizten Ofen rösten. Nüsse in ein Geschirrtuch geben, die Häutchen soweit möglich abrubbeln, 60 g beiseitestellen. Die übrigen Nüsse im Blitzhacker so fein wie möglich zerkleinern.

Die Schokolade über einem Wasserbad (s. S. 156) langsam schmelzen, Kokosöl zugeben und ebenfalls zerlassen. Die Schüssel vom Wasserbad nehmen und 100 g der Nugatpaste unterrühren. Gemahlene Nüsse, Eigelbe, die Hälfte des Salzes und den Vanilleextrakt sorgfältig unterrühren.

Eiweiße mit restlichem Salz fest aufschlagen, Palmzucker zugeben und kurz weiterschlagen. Jetzt sollte die Eiweißmasse helle, karamellfarbene Spitzen haben. Nacheinander jeweils ein Drittel der Masse vorsichtig unter die Schokoladenmischung ziehen. Nicht zu lange rühren, das Ganze sollte locker wie eine Schokoladenmousse sein.

Die Masse in die vorbereitete Form geben und 15 Min. im vorgeheizten Ofen backen. An einem eingeführten Holzstäbchen sollten keine Teigreste mehr haften und die Oberfläche sollte sich auf Druck fest anfühlen. Den Tortenboden in der Form abkühlen lassen.

Für die Ganache die Schokolade über einem Wasserbad schmelzen. 120 g Nugatpaste in eine Schüssel geben, die zerlassene Schokolade einrühren. In einem kleinen Topf Haselnussmilch mit Honig erwärmen. Sobald sich der Honig aufgelöst hat, das Ganze nach und nach auf die zerlassene Schoko-Nugat-Masse gießen, dabei ständig rühren, bis die Ganache eine dickliche und glänzende Konsistenz hat. Die Oberfläche mit Backpapier abdecken und an einem kalten Ort ca. 1 Std. abkühlen lassen, bis die Ganache eine dicke Konsistenz hat und der Tortenboden ganz abgekühlt ist.

Den Tortenboden aus der Form nehmen und auf eine Kuchenplatte legen. Die Ganache umrühren und mithilfe eines Palettenmessers auf den Boden streichen. Soll die Ganache noch fester werden, diese länger stehen lassen. Restliche Haselnüsse halbieren und auf die Torte streuen.

Dazu schmeckt geschlagene Vanille-Kokossahne (s. S. 27). Die Torte hält sich luftdicht verpackt bis zu 5 Tage im Kühlschrank. Man kann sie gut einfrieren, auch zusammen mit der Ganache!

Clementinenkuchen mit fruchtigem Granatapfelsirup

Für 8–10 Stücke

Clementinenkuchen
5 Clementinen (ca. 450 g)
Etwas natives Kokosöl für die Form
4 Eier
150 g Kokosblütenzucker
225 g gemahlene Mandeln
1 TL Backpulver

Granatapfelsirup und -kerne
120 ml Granatapfelsaft
   (100 % Direktsaft)
30 g Honig
1 EL Granatapfelsirup
1 großer Granatapfel (ca. 450 g)
   plus Kerne zum Garnieren

Eine leichte und frische Alternative zu schwerem Weihnachtsgebäck: Bereiten Sie diesen fruchtigen Kuchen in den Wintermonaten zu, wenn die Clementinen am süßesten schmecken. Die Kuchenstücke können mit zusätzlichen Granatapfelkernen garniert serviert werden.

Die Clementinen schälen, mit kaltem Wasser in einen Topf geben und zugedeckt aufkochen. Anschließend bei geringer Hitze 2 Std. köcheln lassen, bis die Früchte weich sind, ggf. mehr Wasser zufügen. Abgießen und abtropfen lassen.

Den Backofen auf 180 °C vorheizen. Boden und Rand einer Springform mit Rohrboden (Ø 23 cm) fetten und den Boden mit Backpapier belegen. Clementinen quer halbieren, Kerne entfernen und die Fruchthälften mitsamt der Haut in einer Küchenmaschine zerkleinern, bis eine glatte Fruchtmasse entstanden ist.

Eier und Zucker in einer großen Schüssel verrühren, dann die Mandeln und das Backpulver mit einem Holzlöffel untermengen. Clementinenmasse kurz unterarbeiten. Den Teig in die vorbereitete Form geben, glatt streichen und 20 Min. im vorgeheizten Ofen backen. An einem eingeführten Holzstäbchen sollten keine Teigreste mehr haften. Wird die Oberfläche zu braun, die Temperatur auf 170 °C reduzieren. Den Kuchen in der Form vollständig abkühlen lassen.

Für den Sirup Granatapfelsaft, Honig und Granatapfelsirup zum Kochen bringen, bei geringer Hitze 5 Min. köcheln lassen. Den Granatapfel aufschneiden, dabei austretenden Saft auffangen. Die Kerne von den weißen Trennhäutchen befreien. Den Topf vom Herd nehmen, Saft und Kerne hineingeben und gut umrühren.

Den Kuchen aus der Form nehmen und auf eine Kuchenplatte setzen. Den Sirup mitsamt den Kernen darauf verteilen, auch etwas in die Mitte geben. Den Kuchen in Scheiben schneiden und mit den zusätzlichen Granatapfelkernen servieren.

Luftdicht verpackt kann der Kuchen im Kühlschrank 5 Tage aufbewahrt werden. Er lässt sich auch gut einfrieren.

TIPPS
Wenn Sie keine Springform mit Rohrboden haben, können Sie den Kuchen auch in einer normalen Springform (Ø 20–23 cm) backen.

Granatapfelsirup wird aus dem konzentrierten Saft der Granatäpfel gewonnen und hat einen rotbraunen Farbton. Er liefert viele Vitamine, Mineralien und Antioxidantien und hat einen säuerlich-herben Geschmack. Mit etwas Honig gesüßt ist er ideal zum Glasieren von Gebäck geeignet. Besonders gut passt er zu Zitrusfrüchten.

Kürbistorte mit Möhren, Walnüssen und Cashew-Orangen-Creme

Diese Torte ähnelt einem Möhrenkuchen, schmeckt aber noch viel besser! Mit ihren Gewürzen und den feinen Aromen von Teffmehl, Palmzucker und nussigem Rapsöl ist sie ein wunderbar „wärmendes" Gebäck. Das Kürbispüree macht den Teig unwiderstehlich weich, geröstete Walnusskerne, saftige Sultaninen und eine cremige Orangenfüllung bilden die perfekte Ergänzung.

Für 8–12 Stücke

Cashew-Orangen-Creme
1 Rezeptmenge Cashewsahne (s. S. 27)
80 g klarer Honig
Mark von ¼ Vanilleschote
Abrieb und 4 TL Saft von ½ Bio-Zitrone
Abrieb von 1 Bio-Orange
1 Prise Himalayasalz
140 g natives Kokosöl, zerlassen

Kürbis-Boden
90 g Walnusskerne
70 g Teffmehl
70 g braunes Reismehl
15 g (2 EL) Pfeilwurzelstärke
¾ TL Himalayasalz
1 TL Backnatron
1½ TL Mixed Spice
1½ TL Zimt
120 g Palmzucker
60 g Sultaninen
150 ml natives Rapsöl
 plus etwas für die Form
210 g selbst gemachtes Kürbispüree
 (s. S. 135)
60 g Möhren, geraspelt
Abrieb von 1 Bio-Orange
2 Eier

Garnitur
Essbare Blüten, z. B. frische oder
 getrocknete Ringelblumen

Zunächst die Cashew-Orangen-Creme zubereiten: Dafür alle Zutaten bis auf das Kokosöl im Mixer verrühren, zum Schluss das Kokosöl untermixen. Zu einer glatten Creme verarbeiten, die Oberfläche mit Frischhaltefolie abdecken und in ca. 8 Std., am besten über Nacht, im Kühlschrank dick werden lassen.

Den Backofen auf 170 °C vorheizen. Ein Backblech mit Backpapier belegen. Walnusskerne auf das Blech legen und im vorgeheizten Ofen 5–8 Min. rösten, bis sie leicht Farbe angenommen haben. Abkühlen lassen, dann in erbsengroße Stücke hacken. Eine Backform (Ø 18–20 cm) mit herausnehmbarem Boden fetten und den Boden mit Backpapier belegen.

In einer großen Schüssel Walnüsse mit den trockenen Zutaten vom Teffmehl bis zu den Sultaninen vermengen. In einer zweiten Schüssel Öl, Kürbispüree, Möhren, Orangenschale und Eier verrühren. In der Mitte der trockenen Zutaten eine Vertiefung formen, den Kürbispüree-Mix zugeben und alles gut vermischen.

Den Teig in die vorbereitete Form füllen und 30–35 Min. backen. An einem eingeführten Holzstäbchen sollten keine Teigreste mehr haften. Den Tortenboden in der Form abkühlen lassen, dann herausnehmen und quer halbieren. Einen Boden auf eine Kuchenplatte setzen und mit der Hälfte der Creme bestreichen, den zweiten Boden darauflegen und mit der restlichen Creme bestreichen. Ist die Creme noch zu flüssig, diese vor dem Verstreichen 10 Min. in den Gefrierschrank stellen. Die Kürbistorte nach Belieben mit Blütenblättern garnieren.

Die Torte bleibt luftdicht verpackt 5 Tage im Kühlschrank frisch. Der Teigboden (ohne Creme) lässt sich gut einfrieren.

VARIATIONEN
Aus dem Teig können Sie auch Muffins backen. Dafür den Teig einfach in die Mulden einer 8er-Muffinform verteilen und 15–20 Min. bei 170 °C backen. Die Muffins schmecken pur oder mit der Creme als Topping.

Anstelle von Walnüssen können Sie für das Rezept auch Pekannüsse verwenden.

Gestürzter Birnen-Walnuss-Kuchen

Für 10–12 Stücke

120 g vegane Margarine oder Butter
  (s. S. 11) plus etwas für die Form
70 g Walnusskerne
180 g Honig
4–5 mittelgroße bis große Birnen
  (ca. 800 g)
80 g Palmzucker
80 g selbst gemachtes Apfelmus
  (s. S. 32)
½ TL Vanilleextrakt
60 g braunes Reismehl
60 g Teffmehl
20 g (2 ½ EL) Pfeilwurzelstärke
½ TL Backpulver
½ TL Backnatron
¼ TL Xanthan
½ TL Himalayasalz
2 Eier

Nahrhaftes Teff- und braunes Reismehl bilden mit Palmzucker in diesem fabelhaften Kuchen eine unschlagbare Kombination. Duftender Honig, am besten von einem Imker aus der Region, und süße Birnen sinken in den zarten Walnussbiskuit und machen ihn wunderbar weich. Das ist einer meiner Lieblingskuchen für Herbst und Winter.

Den Backofen auf 170 °C vorheizen. Eine Springform (Ø 23 cm) fetten und den Boden und die Ränder (2 cm hoch) mit Backpapier auskleiden. So können die sich beim Backen bildenden Säfte nicht aus der Form laufen. Ein Backblech mit Backpapier belegen.

Die Walnusskerne auf das Blech geben und im vorgeheizten Ofen 5–8 Min. rösten, bis sie leicht Farbe angenommen haben. Abkühlen lassen, dann in kleine Stücke hacken.

Den Honig gleichmäßig auf dem Boden der Form verstreichen. Die Birnen schälen, vierteln, entkernen und in 1 cm dicke Spalten schneiden (Sie benötigen 450–500 g). Die Spalten von der Mitte aus kreisförmig wie Sonnenstrahlen leicht überlappend auf dem Boden arrangieren.

Mit den Schneebesen des Handrührgeräts Butter, Palmzucker, Apfelmus und Vanilleextrakt in einer großen Schüssel glatt rühren. Der Mix hat einen hellen karamellfarbenen Ton. Mehle, Pfeilwurzelstärke, Backpulver, Backnatron, Xanthan und Salz in einer weiteren Schüssel mischen. Die trockenen Zutaten nun mit den Knethaken im Wechsel mit den Eiern unter die Buttermasse arbeiten. Zum Schluss gehackte Walnüsse zufügen und gründlich unterrühren. Den Teig auf die Birnen geben und glatt streichen, 30–35 Min. im vorgeheizten Ofen backen, bis die Oberfläche goldgelb ist und an einem eingeführten Holzstäbchen keine Teigreste mehr haften.

Den Kuchen in der Form 30 Min. abkühlen lassen, dann herausnehmen (das geht leichter, wenn der Kuchen noch warm ist). Mit Vanille-Cashewjoghurt (s. S. 53) bzw. Vanilleeis servieren. Luftdicht verpackt hält sich der Kuchen im Kühlschrank 3 Tage.

VARIATIONEN

Gestürzter Quitten-Walnuss-Kuchen

Wie im Rezept oben beschrieben vorgehen, dabei die Birnen durch 3 mittelgroße, geschälte Quitten ersetzen. Diese vierteln, entkernen und in 5 mm dicke Scheiben schneiden.

Gestürzter Ananas-Gewürzkuchen

Wie im Rezept oben vorgehen, die Birnen durch ¾ einer Ananas ersetzen, statt Walnüsse dieselbe Menge Pekannüsse verwenden. 5 g fein gehackten Ingwer und ½ fein gehackte rote Chilischote zum Honig auf den Formboden geben. Die Ananas schälen und in 1,5 cm dicke Ringe schneiden, den harten Innenstrunk dabei entfernen. Den Teig durch 10 g fein gehackten Ingwer und den Abrieb von 1 Bio-Limette ergänzen. Ananasscheiben auf den Boden der Backform legen, mit der Teigmischung bedecken und den Kuchen wie oben beschrieben backen.

Zimtstreuselkuchen mit Brombeeren und Äpfeln

Für 8–10 Portionen

50 ml natives Rapsöl
  plus etwas für die Form
120 g Walnusskerne
1 EL gemahlene Leinsamen
3 EL gefiltertes Wasser
100 g gemahlene Mandeln
70 g Kastanienmehl
1 TL Zimt
1 TL Backpulver
1 TL Backnatron
½ TL Himalayasalz
Abrieb von ½ Bio-Zitrone
60 g selbst gemachtes Apfelmus
  (s. S. 32)
80 g Ahornsirup
1 TL Vanilleextrakt
2 Äpfel, z. B. Cox Orange (250–300 g)
250 g frische oder TK-Brombeeren

Außerdem
Zimt oder Mesquitepulver (s. S. 54)
  zum Bestäuben

Ich liebe es, diesen Kuchen aufzuschneiden und mich am Farbkontrast der hellen Apfelscheiben zu den schwarzroten Brombeeren zu erfreuen. Noch schöner ist nur die Begeisterung meiner Gäste, wenn sie in die drei Schichten aus knusprigen Streuseln, süßem Obst und herrlich klebrigem Boden beißen. Ein Kuchen, der von innen wärmt und am besten im Herbst schmeckt.

Den Backofen auf 170 °C vorheizen. Eine Backform (Ø 18–20 cm) mit herausnehmbarem Boden sowie ein Backblech mit Backpapier belegen und den Rand der Form mit etwas Öl fetten. Die Walnusskerne auf das Blech legen und im vorgeheizten Ofen 5–8 Min. rösten, bis sie leicht Farbe angenommen haben. Abkühlen lassen. 80 g Walnüsse fein hacken und die restlichen Walnüsse beiseitestellen.

Gemahlene Leinsamen mit dem Wasser in eine kleine Schüssel geben, 15 Min. darin quellen lassen, bis sich ein Gel bildet, ab und zu umrühren. In einer großen Schüssel fein gehackte Walnüsse, Mandeln, Kastanienmehl, Zimt, Backpulver, Backnatron, Salz und Zitronenschale mischen. In der Mitte eine Vertiefung formen und Leinsamengel, Apfelmus, Ahornsirup, Vanilleextrakt und Öl zugeben. Die Zutaten gründlich vermengen.

Den Teig halbieren, eine Hälfte (ca. 250 g) in die Form geben und mit einem Palettenmesser glatt streichen. Der Teig sollte 1 cm hoch eingeschichtet sein. Äpfel schälen, entkernen und in dünne Scheiben schneiden. Kreisförmig und leicht überlappend auf dem Teig verteilen, dann die Brombeeren darauflegen, zum Schluss den restlichen Teig in kleinen Stückchen mit den Fingern auf den Brombeeren verteilen. Es müssen nicht alle mit Teig belegt sein, aber möglichst viele.

Die restlichen Walnüsse mit den Fingern etwas zerkleinern und daraufstreuen, leicht in den Teig drücken. Den Kuchen 30 Min. im vorgeheizten Ofen backen. Die Oberfläche sollte fest und goldbraun sein. Wird der Kuchen beim Backen zu schnell dunkel, in den letzten 10–15 Min. die Temperatur auf 160 °C reduzieren.

Noch warm mit Zimt oder Mesquitepulver bestäubt servieren, nach Belieben Joghurt dazu reichen. Der Kuchen schmeckt am besten frisch, hält sich aber luftdicht verpackt 5 Tage im Kühlschrank.

TIPP
Anstelle von Äpfeln passen auch Birnen sehr gut.

Kokos-Rosen-Kuchen mit Vanille-Kokossahne

Für 10–12 Portionen

Kokosbiskuit
5 Eier, getrennt
150 g Kokosblütenzucker
100 g Kokosraspel
2 EL Rosenwasser
¼ TL Himalayasalz

Vanille-Kokossahne
Mark von 1 Vanilleschote
50 g klarer Honig oder
  heller Kokosblütensirup
2 Rezeptmengen geschlagene
  Kokossahne (s. S. 27), ca. 480 g

Außerdem
Etwas Kokosöl für die Form
Glutenfreies Mehl zum Bemehlen der
  Form
½–1 EL Rosenwasser zum Beträufeln
100 g Kokosflakes, geröstet

Duftendes Rosenwasser durchdringt den Teig dieses vom Orient inspirierten Kuchens. Mit seinen Schichten aus dünnem Biskuit und zarter Kokoscreme ist er ein wunderbar leichtes Gebäck. Geröstete Kokosflakes oder frisch geraspelte Kokosnuss sind die perfekte Garnitur.

Den Backofen auf 190 °C vorheizen. Den Boden einer runden Backform (Ø 18 cm) mit herausnehmbarem Boden mit Backpapier belegen, dann die Ränder mit Kokosöl fetten und leicht mit glutenfreiem Mehl, z. B. braunem Reismehl, bestreuen.

In einer großen Schüssel Eigelbe mit der Hälfte des Kokosblütenzuckers, den Kokosraspeln und dem Rosenwasser verrühren. Eiweiße mit dem Salz in einer weiteren Schüssel zu einer festen Masse aufschlagen, den restlichen Kokosblütenzucker unterschlagen. Nacheinander jeweils ein Drittel der Eiweißmasse vorsichtig und kurz unter die Eigelb-Kokos-Masse heben.

Den Teig in die Form füllen und 35 Min. backen. Die Oberfläche sollte dann dunkel goldbraun sein (die dunkle Farbe ist in Ordnung), bei Berührung nachgeben und an einem eingeführten Holzstäbchen sollten keine Teigreste mehr haften. Abkühlen lassen.

Vanillemark und Honig oder Kokosblütensirup unter die geschlagene Sahne rühren und diese in vier gleich große Portionen teilen.

Den abgekühlten Biskuit mit einem Sägemesser vorsichtig quer in drei Böden schneiden. Der untere Boden mag etwas feucht wirken, doch das ist in Ordnung. Die Böden mit Rosenwasser beträufeln. Die Böden zusammensetzen, vorher mithilfe eines Palettenmessers jeweils ein Viertel der Sahne darauf verstreichen, auch den Rand mit Sahne bestreichen.

Zum Schluss die Oberseite des Kuchens mit gerösteten Kokosflakes bestreuen, an den Rand ebenfalls Kokosflakes drücken. Der Kuchen hält sich luftdicht verpackt 3 Tage im Kühlschrank.

Torta di riso mit Zimt-Safran-Mandelmilch

Für 10–12 Stücke

Torta di riso

200 g brauner Rundkornreis
500 ml gefiltertes Wasser
1 TL Zitronensaft oder Apfelessig
60 g Sultaninen
40 ml Rum oder schwarzer Tee
75 g Kokosfett, vegane Margarine oder
  Butter (s. S. 11) plus etwas für die
  Form
500 ml Mandelmilch (s. S. 28)
1 Zimtstange, 8 cm lang
Mark von 1 Vanilleschote plus Schote
130 g Kokosblütenzucker
3 Eier
60 g Pinienkerne
Abrieb von 1 Bio-Zitrone
½ TL Zimt
½ TL Himalayasalz

Zimt-Safran-Mandelmilch

200 ml Mandelmilch (s. S. 28)
3–4 kleine Safranfäden
2 TL Honig
1 Prise Zimt, nach Belieben

....

Als ich 20 Jahren alt war, habe ich einige Monate in Bologna gelebt. Eine unvergessliche Zeit, in der ich die italienische Kultur lieben lernte, ganz besonders das Essen. Ich konnte an keiner Pasticceria mit ihren süßen Köstlichkeiten vorbeigehen. Dort habe ich auch die Torta di riso entdeckt – eine Art Reispudding in Kuchenform, doch viel leckerer als der bekannte Reisauflauf.

....

Den Reis in gefiltertem Wasser einweichen, Zitronensaft oder Apfelessig zugeben. Reis 8–12 Std. oder über Nacht einweichen, dann abgießen, dabei das Wasser auffangen, und den Reis gut abspülen.

Reis in einen mittelgroßen Topf geben, mit 400 ml Einweichwasser bedecken und aufkochen. Offen köcheln lassen, bis das Wasser vollständig absorbiert ist, ab und zu umrühren, damit der Reis nicht ansetzt. Die Sultaninen in Rum oder Tee einweichen, abdecken und beiseitestellen. Den Backofen auf 160 °C vorheizen, Boden und Rand einer Springform (Ø 23 cm) fetten und mit Backpapier auslegen.

Wenn der Reis das Wasser vollständig aufgenommen hat, 250 ml Mandelmilch, Zimtstange, Vanillemark und -schote und 40 g Kokosblütenzucker zufügen. 10 Min. kochen lassen, ab und zu umrühren, dann die restlichen 250 ml Mandelmilch zugießen und unter gelegentlichem Rühren weiterköcheln. Insgesamt benötigt der Reis ca. 30 Min. Garzeit. Der gekochte Reis sollte weich sein, aber noch leichten Biss haben, die Milch sollte vollständig absorbiert sein. Den Topf vom Herd nehmen und beiseitestellen. Zimtstange und Vanilleschote entfernen.

In einer großen Schüssel restlichen Zucker mit Eiern, der Hälfte der Pinienkerne, Zitronenschale, Zimt, Salz, Sultaninen und Rum oder Tee verrühren. Kokosfett oder Butter zerlassen und unterrühren. Zum Schluss den leicht abgekühlten Reis gut unterrühren, dabei darauf achten, dass keine Klümpchen entstehen. Das Ganze in die Springform füllen, mit den restlichen Pinienkernen bestreuen und 30–40 Min. backen. Die Oberfläche sollte dunkel goldbraun sein und bei Berührung nachgeben, an einem eingeführten Holzstäbchen sollten keine Teigreste mehr haften.

Für die Safranmilch Mandelmilch, Safran und Honig in einem Topf bis knapp unter den Siedepunkt erwärmen. Topf sofort vom Herd nehmen und nach Belieben Zimt zugeben.

Den Kuchen in der Form abkühlen lassen und servieren, wenn er Zimmertemperatur hat. Dazu die warme Safranmilch reichen. Der Reiskuchen schmeckt zum Kaffee, aber auch zum Frühstück. Im Kühlschrank hält er sich luftdicht verpackt 5 Tage.

TIPP
Ich empfehle, selbst gemachte Mandelmilch (s. S. 28) zu verwenden, denn ihr Aroma verbessert das des Kuchens wesentlich.

Rhabarber-Polenta-Cupcakes mit Erdbeer-Orangen-Kompott

....

Diese veganen Cupcakes sind schön weich und mürbe, der süß-säuerliche Rhabarber verleiht ihnen Frische. Dazu schmecken das mit Orangenblütenwasser aromatisierte Kompott und cremiger Cashewjoghurt – einfach perfekt für Frühling und Sommer.

....

Für 15 Cupcakes

Rhabarber-Cupcakes

1 EL gemahlene Leinsamen
3 EL gefiltertes Wasser
½ TL Apfelessig
120 ml Mandelmilch (s. S. 28)
300 g Rhabarber
Abrieb von 1 Bio-Orange
140 g Kokosblütensirup
1 TL Vanilleextrakt
100 g feine Polenta (Maismehl)
100 g braunes Reismehl
4 TL Pfeilwurzelstärke
1 TL Backnatron
½ TL Backpulver
½ TL Himalayasalz
60 g natives Kokosöl, zerlassen

Erdbeerkompott

200 g Rhabarber
Mark von 1 Vanilleschote plus Schote
1–2 EL Honig oder Kokosblütensirup
4 Bio-Orangen
300 g Erdbeeren, geviertelt
3 TL Orangenblütenwasser

Vanille-Cashewjoghurt

1 Rezeptmenge Cashewsahne (s. S. 27)
Mark von ½ Vanilleschote
Abrieb und 4 TL Saft von ½ Bio-Zitrone
40 g (2 EL) klarer Honig oder heller
 Kokosblütensirup
1½ TL Vanilleextrakt

Den Backofen auf 170 °C vorheizen. Ein Blech mit 15 Muffin-Mulden oder kleine Kuchenförmchen mit Backpapier auslegen oder Papierförmchen hineinsetzen.

Leinsamen mit Wasser in eine kleine Schüssel geben, verrühren und 15 Min. quellen lassen, bis sich ein Gel bildet. Den Essig in die Mandelmilch rühren und beiseitestellen. Rhabarber in 5 mm dicke Scheiben schneiden. In eine Schüssel geben und mit Orangenschale, Kokosblütensirup und Vanilleextrakt mischen.

Alle trockenen Zutaten von der Polenta bis zum Salz in einer großen Schüssel vermengen. In der Mitte eine Vertiefung formen und Leinsamengel, Mandel-milch, Kokosöl und Rhabarber mit Saft zufügen und die Zutaten mischen. Die Förmchen gleichmäßig mit der Masse füllen und 10 Min. backen, dann die Temperatur auf 160 °C reduzieren und weitere 10 Min. backen, bis die Oberfläche goldgelb ist und bei Berührung nachgibt. An einem eingeführten Holzstäbchen sollten keine Teigreste mehr haften. Abkühlen lassen. Den Ofen eingeschaltet lassen.

Für das Kompott Rhabarber schräg in 2,5 cm lange Stücke schneiden und in einen hitzebeständigen Topf geben. Die Hälfte des Vanillemarks und die Vanilleschote, 1 EL Honig oder Kokosblütensirup und Saft und Schale von ½ Orange zufügen. Deckel auflegen und 10 Min. im Ofen backen, dann die Konsistenz prüfen: Der Rhabarber sollte weich sein, aber nicht zerfallen. Ggf. Rhabarber gut mischen und weitere 5 Min. backen. Abkühlen lassen.

Die Erdbeeren in eine große Schüssel legen, restliche Orangen schälen, die Segmente mit einem Sägemesser aus den Trennwänden herausschneiden und zu den Erdbeeren geben. Den verbliebenen Saft aus den Trennwänden dazupressen. Den Rest des Vanillemarks, Orangenblütenwasser und den gebackenen Rhabarber zufügen und alles gut mischen. Abschmecken und nach Belieben 1 weiteren EL Honig oder Kokosblütensirup zugeben.

Für den Vanille-Cashewjoghurt alle Zutaten glatt mixen.

Die Cupcakes mit Kompott und Joghurt servieren und am besten frisch genießen. Im Kühlschrank hält sich alles luftdicht verpackt 5 Tage.

Kirsch-Pistazien-Törtchen mit Mesquite

Für 12 muffingroße Törtchen

100 g Kokosfett, vegane Margarine
    oder Butter (s. S. 11) plus etwas für
    die Förmchen
60 g Pistazienkerne
80 g Kokosblütenzucker
    plus 1 EL für die Förmchen
1½ TL Mesquitepulver
    plus 1 TL für die Förmchen
36 Süßkirschen (ca. 360 g)
100 g gemahlene Mandeln
50 g Buchweizenmehl
1 TL Backpulver
½ TL Himalayasalz
2 Eier

Garnitur
18 Süßkirschen
Einige Pistazienkerne, gehackt

Mesquite ist ein natürlich süßes Superfood-Pulver, das aus den großen, bohnenförmigen Schoten des gleichnamigen Baumes gewonnen wird. Es hat einen niedrigen glykämischen Index, ist reich an Kalzium, Lysin und Magnesium – und hat ein einzigartiges Aroma: leicht scharf, süß und mit malziger Karamellnote. Es ergänzt wunderbar die süßen, saftigen Kirschen im weichen Pistazienbiskuit.

Den Backofen auf 170 °C vorheizen. Eine 12er-Muffinform fetten und ein Backblech mit Backpapier belegen. Pistazien auf das Backblech legen und 5–7 Min. rösten, bis sie leicht Farbe angenommen haben. Abkühlen lassen, dann fein hacken.

1 EL Kokosblütenzucker mit 1 TL Mesquitepulver mischen und jeweils ¼ TL davon in die Mulden der Muffinform streuen. Kirschen entsteinen und mit den Fingern in Hälften teilen. In jede Mulde 6 Kirschhälften legen und leicht überlappend kreisförmig anordnen. Ausgetretenen Kirschsaft zugeben und mit restlicher Zucker-Mesquite-Mischung bestreuen. Beiseitestellen.

80 g Zucker mit 1½ TL Mesquitepulver, Mandeln, Mehl, Backpulver und Salz vermengen, gehackte Pistazien zufügen. Kokosfett oder Butter zerlassen und zu den trockenen Zutaten geben, Eier zufügen und alles gut verrühren. Den Teig auf die Vertiefungen verteilen und 12 Min. im vorgeheizten Ofen backen. Die Törtchen sollten hellgelb sein und etwas Saft könnte nach oben gestiegen sein.

In der Form abkühlen lassen, dann herausnehmen und mit frischen Kirschen und gehackten Pistazien garnieren. Die Törtchen schmecken auch köstlich zu einem Stück selbst gemachter Schokolade (s. S. 156), Schokoeis oder geschlagener Kokossahne (s. S. 27).

VARIATIONEN

Rhabarber-Pistazien-Törtchen
Wie oben beschrieben vorgehen, doch die Kirschen durch 200 g in 5 mm dicke Stücke geschnittenen Rhabarber ersetzen. Dazu Rhabarberkompott servieren (s. S. 53).

Blaubeer-Pistazien-Törtchen
Wie oben beschrieben vorgehen, dabei die Kirschen durch 180 g Blaubeeren ersetzen.

Schoko-Kastanien-Törtchen mit Schoko-Malz-Sauce

....

Für 8 kleine Törtchen

Schoko-Kastanien-Törtchen

50 g natives Kokosöl plus etwas für
    die Förmchen
3 EL gemahlene Leinsamen
9 EL Haselnuss- oder Mandelmilch
    (s. S. 28)
30 g ungesüßte Esskastanien
    (Dose oder Packung)
55 g Kastanienmehl
15 g (3 EL) Kakaopulver
55 g Palmzucker
½ TL Backpulver
½ TL Backnatron
½ TL Himalayasalz
1 TL Vanilleextrakt
20 g selbst gemachte Schokolade
    (s. S. 156) oder Bitterschokolade
    (85–100 % Kakao), in 8 gleich großen
    Stücken

Schoko-Malz-Sauce

220 ml sahnige, süße Cashewmilch
    (s. S. 28)
2 EL Kakaopulver
3 TL Carobpulver
1 TL Macapulver
1 TL Lucumapulver
½ TL Himalayasalz
2 TL Vanilleextrakt
60 g Datteln, 1 Std. in gefiltertem
    Wasser eingeweicht
50–100 ml Haselnuss- oder
    Mandelmilch (s. S. 28)
½ EL Dattelsirup, nach Belieben

Außerdem

1 Rezeptmenge geschlagene Vanille-
    Kokossahne (s. S. 27)

Sie suchen eine köstliche und gesunde Leckerei, die gleichzeitig schnell zu zaubern ist? Bitte, hier ist sie! Servieren Sie die saftigen Schokotörtchen am besten frisch aus dem Backofen, dazu die aromatische Schoko-Malz-Sauce und einen Klecks leichter Vanille-Kokossahne – Ihre Gäste werden sich die Finger danach lecken.

....

Den Backofen auf 170 °C vorheizen. Acht Muffin-Mulden mit Kokosöl fetten.

Leinsamen 15 Min. in Haselnuss- oder Mandelmilch quellen lassen, bis sich ein Gel bildet. Kokosöl zerlassen. Die Esskastanien in eine große Schüssel reiben, Kastanienmehl, Kakao, Palmzucker, Backpulver, Backnatron und Salz zufügen und die Zutaten mischen. Geschmolzenes Kokosöl, Vanilleextrakt und das Leinsamengel zugeben und die Zutaten vermengen, bis sich ein dicker Schokoladen-Mix bildet.

Die Mischung in die Mulden geben (ca. 40 g pro Törtchen). Die Schokostücke hineindrücken, mit dem Teig bedecken und die Törtchen 10 Min. backen. Die Oberfläche sollte sich danach fest anfühlen und bereits leicht aufgeplatzt sein. An einem eingeführten Holzstäbchen sollten keine Teigreste mehr haften. Törtchen etwas abkühlen lassen.

In der Zwischenzeit die Sauce zubereiten. Die Cashewmilch mit Kakao, Carob, Maca, Lucuma, Salz und Vanilleextrakt in einen Mixer geben und auf höchster Stufe ca. 20 Sek. mixen. Am Rand klebende Zutaten herunterkratzen und das Ganze wiederholen. Datteln abgießen, in den Mixer geben und noch einmal mixen, bis eine glatte Masse entsteht. Die Masse in einen Topf gießen und langsam erhitzen, die Dicke ggf. mit Haselnuss- oder Mandelmilch korrigieren, bis die gewünschte Konsistenz erreicht ist. Ich mag die Sauce gern so dick, dass ich sie über die Törtchen träufeln kann. Nach Belieben mit Dattelsirup süßen.

Zum Servieren die Törtchen aus den Formen lösen und vorsichtig auf Teller setzen. Etwas von der warmen Malzsauce und einen Klecks Sahne daraufgeben. Sofort servieren. Törtchen und Sauce halten sich im Kühlschrank luftdicht verpackt 3 Tage. Wenn die Törtchen ganz abgekühlt sind, ähneln sie mehr Brownies.

TIPPS

Die Törtchen können 24 Std. im Voraus vorbereitet werden, den Teig in die Mulden der Form füllen und kalt stellen. Werden die Törtchen dann direkt aus dem Kühlschrank in den Backofen geschoben, müssen sie 2 Min. länger backen.

Bleibt Sauce übrig, daraus heiße Schokolade oder „Milchshakes" zubereiten.

Die Vanille-Kokossahne habe ich nicht gesüßt, Sie können sie aber mit hellem Kokosblütensirup oder Honig verfeinern.

Kichererbsen-Blumenkohl-Taler mit Limetten-Minz-Raita

Für 18 Taler

Kichererbsen-Blumenkohl-Taler
1 kleine rote Chilischote
8 Frühlingszwiebeln
2 große Tomaten
2 Knoblauchzehen, grob gehackt
20 g Kurkuma, grob gehackt
20 g Ingwer, grob gehackt
Röschen von ½ großen Blumenkohl
    (350 g)
1 EL natives Kokosöl oder natives
    Rapsöl
1 TL gemahlene Kurkuma
1 TL gelbe Senfsamen
1 TL Fenchelsamen
300 g Kichererbsen, gekocht
150 ml Kokosmilch (Dose)
Saft und Abrieb von 1 Bio-Limette
20 g Koriander, grob gehackt
75 g Kichererbsenmehl
25 g gemahlene Leinsamen
Salz und schwarzer Pfeffer

Limetten-Minz-Raita
250 g Kokosjoghurt
200 g Salatgurke
1 gute Handvoll Minze, fein gehackt
1 TL gemahlener Kreuzkümmel
4 TL Limettensaft
1 Prise Cayennepfeffer, nach Belieben
Himalayasalz oder grobes Meersalz
Schwarzer Pfeffer

Diese herzhaften Taler mit frisch zubereiteter Raita sind ein unkompliziertes Abendbrot an Wochentagen. Ich serviere dazu gern einen bunten Salat aus Rotkohl, Radieschen, geraspelter Möhre, Granatapfelkernen, Koriander, Kokosflocken, Kürbis- und Sesamsamen. Reste schmecken am nächsten Morgen mit pochierten Eiern lecker.

Den Backofen auf 200 °C vorheizen und ein großes Backblech mit Backpapier belegen.

Chilischote und Frühlingszwiebeln fein hacken und die Tomaten würfeln. Aus Knoblauch, Kurkuma und Ingwer im Mörser eine grobe Paste zubereiten. Den Blumenkohl in einer Küchenmaschine so zerkleinern, dass die Stücke Semmelbröseln ähneln.

Das Öl in einem großen Topf erhitzen, gemahlene Kurkuma, Senf- und Fenchelsamen zugeben. Nach einigen Min. Chili, Zwiebeln und Tomaten in den Topf geben und 5 Min. darin dünsten, bis die Zutaten leicht Farbe angenommen haben. Knoblauchpaste einrühren und weiterdünsten. Wenn alle Zutaten weich sind, Blumenkohlbrösel und Kichererbsen zufügen und gut unterrühren. Kokosmilch, Limettensaft und -schale zugeben. Kurz bevor der Siedepunkt erreicht ist, die Temperatur reduzieren und Koriander, Kichererbsenmehl, Leinsamen, Salz und Pfeffer zufügen. Gut umrühren und weitere 5 Min. köcheln. Topf vom Herd nehmen, etwas abkühlen lassen und abschmecken.

Für die Raita den Joghurt in eine Schüssel füllen. Die Gurke schälen und raspeln, zusammen mit den übrigen Zutaten zum Joghurt geben, alles gut verrühren und abschmecken. Ggf. mehr Minze und Limettensaft zufügen.

Mit den Händen aus der Kichererbsen-Blumenkohl-Masse 18 kleine Küchlein formen. Die Masse ist ziemlich feucht. Die Taler auf das Backblech legen und 20 Min. im vorgeheizten Ofen goldgelb backen, nach der Hälfte der Backzeit wenden. Die Kichererbsen im Innern der Taler bleiben weich, die äußeren jedoch werden schön knusprig. Die Taler noch warm mit der Raita servieren. Dazu schmeckt ein bunter Salat.

Taler und Raita halten sich luftdicht verpackt 5 Tage im Kühlschrank.

Hirsekuchen mit Salbei und Pilzen

Für 8 Portionen

180 g Vollkornhirse

500 ml gefiltertes Wasser

1 TL Zitronensaft oder Apfelessig

1 EL natives Kokosöl oder natives
  Rapsöl

1 Knoblauchzehe, fein gehackt

1 rote Zwiebel, fein gehackt

1 l Gemüsebrühe, selbst gemacht oder
  aus 2 guten Brühwürfeln zubereitet

500 g gemischte Pilze, z. B.
  Champignons, Buna Shimeji
  (Buchenrasling), Golden Enoki und
  Shiitake, gehackt

10 Salbeiblätter, fein gehackt,
  plus 15–20 ganze Blätter für den Belag

Abrieb von 1 Bio-Zitrone

1 gute Prise frisch geriebene Muskatnuss

1 TL Hefeflocken

Grobes Meersalz

Schwarzer Pfeffer

4 Eier

20 g Petersilie, fein gehackt

Die milde Süße und das Nussaroma der Hirse harmonieren bestens mit den erdig-prallen Pilzen und den frischen Kräutern. Ich mag zu diesem proteinreichen, herzhaften Kuchen einen großen grünen Salat. Reste können Sie am nächsten Morgen mit Avocadoscheiben essen – das hält bis mittags satt.

Die Hirse in gefiltertem Wasser mit 1 TL Zitronensaft oder Apfelessig 8–12 Std. einweichen, dann abgießen, gut abspülen und abtropfen lassen.

Den Backofen auf 180 °C vorheizen. In einer ofenfesten Pfanne (Ø 30 cm, mind. 5 cm hoher Rand) das Öl zerlassen und Knoblauch und Zwiebel darin bei mittlerer Hitze 3 Min. andünsten, bis beide leicht Farbe angenommen haben. Hirse einrühren. Mit 250 ml Gemüsebrühe ablöschen, gut umrühren und 5 Min. köcheln lassen, bis die Brühe von der Hirse aufgenommen wurde. Die Hälfte der Pilze mit 250 ml Gemüsebrühe zugeben. Unter Rühren garen, bis die Hirse die gesamte Flüssigkeit absorbiert hat, dann weitere 250 ml Brühe zugießen. Unter Rühren weiterköcheln, bis die Brühe wieder vollständig aufgenommen wurde.

Restliche Brühe in zwei Portionen zugießen und unterrühren. Zusammen mit der letzten Portion restliche Pilze, gehackten Salbei, Zitronenabrieb, Muskat, Hefeflocken sowie Salz und Pfeffer zugeben. Weitere 5 Min. unter Rühren köcheln, bis die Flüssigkeit vollständig aufgenommen wurde. Die Hirse sollte noch leichten Biss haben. Die Pfanne vom Herd nehmen und die Masse abschmecken.

In einer großen Schüssel Eier mit Petersilie verquirlen. Die Hirse-Pilz-Masse portionsweise zufügen und gut unterrühren. Wenn die Zutaten vermengt sind, alles wieder in die Pfanne geben und mit einem Palettenmesser glatt streichen. Mit Salbeiblättern bestreuen und 10–20 Min. im Ofen backen. Die Eimasse sollte gestockt, aber nicht zu fest sein.

Noch warm direkt aus dem Ofen servieren. Die Reste halten sich luftdicht verpackt 3 Tage im Kühlschrank.

Muffins, Kastenkuchen und Brote

Fruchtige Amarantmuffins mit Buchweizenstreuseln

Für 12 Muffins

Muffins
75 g Amarant
500 ml kaltes gefiltertes Wasser
¼ TL Zitronensaft oder Apfelessig
70 g Buchweizenschrot
40 g Kürbiskerne
40 g Sonnenblumenkerne
25 g (2 EL) Leinsamen
1 TL Himalayasalz
75 g Buchweizenmehl
½ TL Zimt
½ TL gemahlenes Mixed Spice
1 TL Backnatron
½ TL Backpulver
2 Bananen (240 g Fruchtfleisch)
   plus ½ Banane für den Belag
Abrieb von 1 Bio-Orange
2 Eier
70 g Kokosblütensirup
150 ml natives Rapsöl
60 g getrocknete Cranberrys, halbiert
60 g frische oder TK-Himbeeren
60 g frische oder TK-Blaubeeren

Gewürze für die Streusel
¼ TL Himalayasalz
½ TL Zimt
½ TL Mixed Spice
1 EL Kokosblütensirup

Ein schöner Kontrast: Die weichen Muffins krönt ein knuspriges Topping aus gewürzten Kernen und kernigem Buchweizen. Der Amarant macht sie saftig, gibt ihnen eine interessante Textur und ein erdiges Aroma. Am besten noch warm servieren und zum Kaffee, Frühstück oder Brunch genießen.

Den Amarant 8–12 Std. in 150 ml gefiltertem Wasser mit ¼ TL Zitronensaft oder Apfelessig einweichen. In einer zweiten Schüssel Buchweizenschrot, Kerne und Leinsamen 8 Std. oder über Nacht in 350 ml gefiltertem Wasser mit ¾ TL Himalayasalz einweichen.

Amarant durch ein feines Sieb abgießen, dabei das Wasser auffangen. Amarant unter fließend kaltem Wasser abspülen, dann mit dem aufgefangenen Wasser in einen Topf geben. Aufkochen und bei geringer Hitze unter Rühren 10 Min. köcheln lassen, bis der Amarant das Wasser aufgenommen hat. Er sollte weich sein, aber noch leichten Biss haben. Abkühlen lassen.

In der Zwischenzeit Buchweizenschrot, Kerne und Leinsamen in ein feines Sieb abgießen und unter fließend kaltem Wasser gut abspülen. 115 g für die Muffins beiseitestellen, den Rest mit den Streuselgewürzen in eine Schüssel geben, gut mischen und beiseitestellen.

Den Backofen auf 170 °C vorheizen und in die Mulden einer 12er-Muffinform Papierförmchen setzen. In einer kleinen Schüssel Buchweizenmehl, Zimt, Mixed Spice, Backnatron, Backpulver und ¼ TL Salz mischen. Bananen in eine große Schüssel geben, mit einer Gabel zerdrücken, einige kleinere Stückchen ganz lassen. Orangenschale, Eier, Kokosblütensirup, Öl, Cranberrys, Beeren, beiseitegestellte Schrote, Kerne und Samen sowie die abgekühlte Amarantmasse zugeben und das Ganze gut vermengen. Dann die trockenen Zutaten unterarbeiten.

Den Teig in die Förmchen füllen, dabei darauf achten, dass die Beeren möglichst gleichmäßig verteilt werden. Die halbe Banane in zwölf Scheiben schneiden und diese vertikal in die Masse stecken. Die Muffins mit den Streuseln bestreuen.

Die Muffins im vorgeheizten Ofen 20 Min. backen, bis sie goldbraun sind. An einem eingeführten Holzstäbchen sollten keine Teigreste mehr haften. 10 Min. abkühlen lassen und noch warm mit ein wenig Müsli, Obst und Naturjoghurt servieren. Liefert frische Energie zum Frühstück oder am Nachmittag.

Im Kühlschrank halten sich die Muffins luftdicht verpackt 5 Tage. Sie können auch gut eingefroren werden.

Für 12 Muffins

1 Pastinake geschält und geraspelt
   (200 g)
110 g Ahornsirup
100 g selbst gemachtes Apfelmus
   (s. S. 32)
150 ml natives Rapsöl
3 Eier
Abrieb von 1 Bio-Orange
1 TL Vanilleextrakt
140 g braunes Reismehl
80 g Hirsemehl
20 g (2 ½ EL) Pfeilwurzelstärke
1½ TL Backpulver
½ TL Backnatron
½ TL gemahlene Nelken
1 TL Zimt
1 TL Ingwerpulver
1 gute Prise gemahlener Kardamom
1 kleine Prise frisch geriebene
   Muskatnuss
½ TL Himalayasalz
30 g Mohnsamen

Für 8 Muffins

160 ml Haselnussmilch (s. S. 28)
2 TL Apfelessig
80 g Haselnusskerne
80 g braunes Reismehl
60 g Teffmehl
1 EL gemahlene Leinsamen
40 g gemahlene Haselnusskerne
1 TL Backpulver
1 TL Backnatron
1 TL Cassia-Zimt, ersatzweise 1–1½ TL
   Ceylon-Zimt
40 g Rosinen, nach Belieben
3–4 Äpfel, z. B. Cox Orange oder Elstar
60 ml natives Rapsöl
60 g selbst gemachtes Apfelmus (s. S. 32)
80 g Ahornsirup

Pastinaken-Gewürz-Muffins

....

Wenn der aromatische Duft dieser Muffins morgens durchs Haus zieht, wird jeder sofort aus dem Bett springen, um sie zu probieren. Sie enthalten nährstoffreiche Zutaten, die glücklich machen, wärmende Gewürze und das köstliche nussige Aroma des Hirsemehls.

....

Den Backofen auf 170 °C vorheizen und in die Mulden einer 12er-Muffinform Papierförmchen setzen. In einer großen Schüssel die Zutaten von der geraspelten Pastinake bis zum Vanilleextrakt verrühren. In einer zweiten Schüssel alle übrigen, trockenen Zutaten mischen, in der Mitte eine Vertiefung formen. Nach und nach die Pastinakenmischung vorsichtig unterrühren.

Den Teig in die Förmchen füllen. Die Muffins 20 Min. im vorgeheizten Ofen backen. Sie sollten goldgelb sein und bei leichter Berührung nachgeben. In der Form etwas abkühlen lassen, noch warm genießen. Luftdicht verpackt halten sich die Muffins 3 Tage.

TIPPS
Ich weiche die Mohnsamen nicht ein, sie sind so klein, dass sie durchs Sieb rutschen würden. Ein klein bisschen Phytinsäure (s. S. 25) ist okay. Wer es nicht so würzig mag, nimmt nur je ½ TL Zimt und Ingwer.

Apfel-Haselnuss-Muffins

....

Cassia-Zimt ist ein kräftigeres Gewürz als der gebräuchliche Ceylon-Zimt. Er harmoniert hier hervorragend mit dem malzigen Teffmehl, den gerösteten Nüssen und Äpfeln.

....

Den Backofen auf 170 °C vorheizen. In die Mulden einer 8er-Muffinform Papierförmchen setzen und ein Backblech mit Backpapier belegen.

Haselnussmilch und Apfelessig vermengen. Die Haselnüsse auf das Backblech legen und 7 Min. rösten. Abkühlen lassen, dann in ein Geschirrhandtuch geben, die Häutchen soweit möglich abrubbeln und die Nüsse klein hacken. Mehle, Leinsamen, gemahlene Haselnüsse, Backpulver, Backnatron, Zimt und evtl. Rosinen mischen. Einen Apfel schälen, vierteln und entkernen, in 5 mm große Würfel schneiden, Sie benötigen 100 g. Apfelwürfel und 60 g gehackte Haselnüsse zu den trockenen Zutaten geben und in der Mitte eine Vertiefung formen.

Rapsöl, Apfelmus und Ahornsirup mit der Haselnussmilch verrühren und in die Vertiefung gießen. Alles vorsichtig gut miteinander vermengen. Den Teig in die Förmchen füllen, dann die restlichen Äpfel vierteln (nicht schälen) und entkernen. Äpfel in 16 ½–1 cm dicke Scheiben schneiden und jeweils zwei Scheiben auf jeden Muffin legen und leicht andrücken. Mit den restlichen gehackten Haselnüssen bestreuen. Ca. 20 Min. im vorgeheizten Ofen backen. An einem eingeführten Holzstäbchen sollten keine Teigreste mehr haften. Die Muffins kurz abkühlen lassen und noch warm servieren. Luftdicht verpackt halten sie sich 3 Tage.

Kokos-Möhren-Muffins mit Kakao-Maca-Lucuma-Creme

Für 12 Muffins

Muffins
60 g natives Kokosöl
6 Eier
4 EL Kokosmilch (Dose)
100 g Kokosblütensirup
2 TL Vanilleextrakt
1 TL Himalayasalz
70 g Kokosmehl
½ TL Backpulver
100 g Möhren, geraspelt
30 g Kokosraspel plus Raspel
   zum Bestreuen

Kakao-Maca-Lucuma-Creme
1 Rezeptmenge Cashewsahne (s. S. 27)
6 TL Kakaopulver
1½ TL Lucumapulver
1½ TL Macapulver
20 g (1 EL) Dattelsirup oder
   ein anderes Süßungsmittel
Mark von ¼ Vanilleschote
2 TL Zitronensaft
1 Prise Himalayasalz
30 g selbst gemachte Schokolade
   (s. S. 156) oder Bitterschokolade
   (85 % Kakao)

Diese Muffins sind voller gesunder Zutaten und so weich! Ich bin immer wieder überrascht, wie viel Feuchtigkeit Kokosmehl aufnimmt, daher braucht man nur wenig davon. Schnappen Sie sich einen Muffin zum Frühstück, wenn Sie morgens in Eile sind, oder genießen Sie ihn mit der leckeren Creme zum Brunch oder als Dessert!

Den Backofen auf 170 °C vorheizen und in die Mulden einer 12er-Muffinform Papierförmchen setzen.

Kokosöl zerlassen. Das Öl mit Eiern, Kokosmilch, Kokosblütensirup, Vanilleextrakt und Salz verrühren. Kokosmehl und Backpulver dazusieben und unterrühren, darauf achten, dass sich keine Klümpchen bilden. Möhre und Kokosraspel zufügen und kurz unterarbeiten.

Den Teig in die Förmchen geben, mit Kokosraspeln bestreuen und 20 Min. im vorgeheizten Ofen backen. Die Oberflächen sollten dann goldbraun sein und die Muffins bei leichter Berührung nachgeben. In der Form abkühlen lassen.

Für die Kakao-Maca-Lucuma-Creme alle Zutaten bis auf die Schokolade glatt verrühren. Abschmecken und ggf. nachsüßen. Die Schokolade in kleine Stückchen hacken und unter die Creme rühren.

Die Creme zu den Kokos-Möhren-Muffins servieren. Reste in ein Glas füllen und im Kühlschrank aufbewahren. So hält sie sich mind. 5 Tage. So lange bleiben auch die Muffins luftdicht verpackt frisch.

Polentamuffins mit Spinat, Tomaten und Oliven

Für 12 Muffins

30 ml Apfelessig
150 ml Mandelmilch (s. S. 28)
180 g Instant-Polenta (Maismehl)
120 g braunes Reismehl
30 g Pfeilwurzelstärke
1 TL grobes Meersalz, fein gemahlen
1½ TL Backpulver
1½ TL Backnatron
¼ TL getrocknete Chiliflocken,
  nach Belieben
60 g Kichererbsenmehl
60 ml gefiltertes Wasser
30 g Basilikumblätter,
  fein gehackt
1½ Knoblauchzehen, fein gehackt
75 g sonnengetrocknete Tomaten,
  erbsengroß gehackt, plus 12 größere
  Tomatenstücke (ca. 30 g) für den Belag
75 g schwarze Oliven, geviertelt
60 g Pinienkerne
120 ml natives Rapsöl
60 g junge Spinatblätter, grob in Viertel
  gezupft

Diese köstlichen Muffins verbinde ich mit dem Sommer! Sie schmecken am besten direkt aus dem Ofen mit einem Salat – ideal für ein Essen im Freien oder ein Picknick. Polenta und Pinienkerne machen sie mürbe und knusprig zugleich. Dazu kommen reife Tomaten, salzige Oliven, zitroniges Basilikum und ein Hauch Chili – herrlich aromatisch.

Den Backofen auf 170 °C vorheizen. Die Mulden einer 12er-Muffinform mit Backpapierquadraten (15 cm) auslegen oder Papierförmchen hineinsetzen.

In einem Rührbecher Essig und Mandelmilch verrühren und beiseitestellen (nach einigen Min. sieht die Mischung wie dünne Buttermilch aus). In einer großen Schüssel Polenta, Reismehl, Pfeilwurzelstärke, Salz, Backpulver, Backnatron und nach Belieben Chiliflocken mischen. In der Mitte eine Vertiefung formen. In einer weiteren Schüssel Kichererbsenmehl mit dem gefilterten Wasser zu einer Paste verrühren.

Basilikum, Knoblauch, gehackte Tomaten, Oliven und die Hälfte der Pinienkerne mit dem Rapsöl mischen. Zusammen mit der Essig-Milch und der Kichererbsenpaste zu den trockenen Zutaten geben. Spinat zufügen und alle Zutaten vermengen. Die Masse ist ziemlich feucht und klebt gut zusammen.

Die Förmchen mit der Masse füllen. Jeden Muffin mit 1 Stück getrocknete Tomate belegen, diese leicht in die Masse drücken, damit sie nicht anbrennen. Restliche Pinienkerne daraufstreuen und ebenfalls leicht eindrücken.

Die Muffins 15 Min. backen. An einem eingeführten Holzstäbchen sollten keine Teigreste mehr haften. Die Muffins sollten goldgelb, die Pinienkerne geröstet sein.

Die Muffins 5 Min. in der Form abkühlen lassen und noch warm servieren. Sie schmecken frisch am besten, können aber luftdicht verpackt 3 Tage aufbewahrt werden. Kalte Muffins vor dem Verzehr 5 Min. im Backofen aufwärmen.

Blaubeer-Johannisbeer-Kuchen mit lila Cashewcreme

Für 8–10 Stücke

Blaubeer-Johannisbeer-Kuchen

75 g natives Kokosöl, zerlassen, plus
  etwas für die Form
2 EL gemahlene Leinsamen
6 EL gefiltertes Wasser
150 g Buchweizenmehl
1 TL Backpulver
1 TL Backnatron
½ TL Himalayasalz
100 g Ahornsirup
70 ml Mandelmilch (s. S. 28)
Mark von ½ Vanilleschote
25 g lila Maismehl
80 g frische oder TK-schwarze
  Johannisbeeren
80 g frische oder TK-Blaubeeren
80 g ungesüßte getrocknete Blaubeeren

Beeren-Cashewcreme

1 Rezeptmenge Cashewsahne (s. S. 27)
40 ml Zitronensaft
2 TL Acai-Beerenpulver
2 TL lila Maismehl
Mark von ½ Vanilleschote oder 1 TL
  Vanilleextrakt
150 g frische Blaubeeren
Bis zu 30 g Honig oder
  Kokosblütensirup, nach Belieben
40 Goji-Beeren (1 gehäufter EL)

Intensives Aroma, supergesunde Zutaten und sehr viel Farbe – dazu eine beerige Cashewcreme und frisches Obst! Genießen Sie diesen weichen Kastenkuchen zum Frühstück oder Brunch. Die Scheiben schmecken auch getoastet und mit Ahornsirup beträufelt bzw. mit Kokosöl, Nussmus oder Himbeer-Chia-Aufstrich (s. S. 32) bestrichen.

Den Backofen auf 170 °C vorheizen. Eine Kastenform (24 x 8 x 8 cm) mit Kokosöl fetten und den Boden der Form mit Backpapier belegen.

Leinsamen mit dem Wasser mischen und 15 Min. quellen lassen, bis sich ein Gel bildet. Mehrmals umrühren. Buchweizenmehl, Backpulver, Backnatron und Salz in einer großen Schüssel mischen. Umrühren, um etwaige Klümpchen aufzulösen. Ahornsirup, Mandelmilch und Vanillemark in einer zweiten Schüssel verrühren. In der Mitte der trockenen Zutaten eine Vertiefung formen, die Milchmischung und das Kokosöl zugeben. Die Zutaten locker vermengen, dann die eingeweichten Leinsamen unterrühren.

Maismehl und Beeren zufügen und unterarbeiten. Den Teig in die Form füllen und glatt streichen. 20 Min. im vorgeheizten Ofen backen, dann die Temperatur auf 130 °C reduzieren. Weitere 20–30 Min. backen, bis sich eine goldgelbe Kruste gebildet hat und an einem eingeführten Holzstäbchen keine Teigreste mehr haften bleiben. In der Form 30 Min. abkühlen lassen, dann herausnehmen.

Für die Creme Cashewsahne in einen Mixer geben und Zitronensaft, Acai-Beerenpulver, Maismehl und Vanille zugeben und gut mixen. Die Blaubeeren zufügen und noch einmal gründlich mixen, bis eine glatte Masse entsteht. Sie sollte eine hübsche lila Farbe haben. Die Creme probieren und nach Geschmack süßen, ggf. mehr Zitronensaft zugeben. In eine Schüssel füllen und vorsichtig die Goji-Beeren unterziehen. Zum Kuchen servieren.

Der Kuchen schmeckt am besten direkt aus dem Ofen. Im Kühlschrank halten sich Kuchen und Creme luftdicht verpackt 4 Tage.

TIPPS

Lila Maismehl ist in der Küche Südamerikas beliebt. Es wird aus lila Maiskörnern gewonnen und hat einen sehr hohen Anthocyan-Gehalt. Backwaren verleiht es eine dunkle Farbe und kann auch roh verwendet werden, um z. B. Cremes zu färben.

Acai-Beerenpulver wird aus Acai-Beeren, den Früchten der Kohlpalme, gewonnen. Es bietet eine Vielzahl von guten Nährstoffen, u. a. Ballaststoffe, Aminosäuren, Omega-6- und Omega-9-Fettsäuren, Vitamin A, Kalzium, Eisen sowie viele Antioxidantien. Es schmeckt auch lecker in Smoothies.

Bananen-Dattel-Nuss-Kuchen mit Karamellsauce

Für 8–10 Stücke

Bananenkuchen

80 ml natives Rapsöl plus etwas für
  die Form
1 EL gemahlene Leinsamen
235 ml gefiltertes Wasser
80 ml Cashewmilch (s. S. 28)
1 TL Apfelessig
190 g Datteln
2 TL Backnatron
2–3 große Bananen
120 g Pekannüsse
  plus Pekannüsse zum Servieren
70 g Teffmehl
70 g braunes Reismehl
20 g (2½ EL) Pfeilwurzelstärke
¼ TL Backpulver
¼ TL Zimt
½ TL gemahlener Kardamom
½ TL Mixed Spice
½ TL grobes Meersalz, gemahlen
50 g selbst gemachtes Apfelmus
  (s. S. 32)
40 g dunkle Melasse
1 TL Vanilleextrakt

Karamellsauce

400 ml Kokosmilch (Dose)
100 g Ahornsirup oder Honig
½ TL grobes Meersalz
Mark von ½ Vanilleschote plus Schote
4 Stück Sternanis
5 g (1 EL) Kardamomkapseln

Zum Frühstück mit Joghurt, zum Kaffee am Nachmittag oder als Dessert mit Karamellsauce: Dieser Kuchen passt einfach immer. Der Mix aus Bananen, Datteln, Pekannüssen und Teffmehl macht ihn üppig, saftig und teuflisch gut. Seine Aromen leben im Zusammenspiel mit den Gewürzen der Sauce richtig auf.

Den Backofen auf 200 °C vorheizen. Den Boden einer Kastenform (18 x 11 x 8 cm) fetten und mit Backpapier belegen. Die Leinsamen mit 3 EL gefiltertem Wasser verrühren und 15 Min. quellen lassen, bis ein Gel entsteht. Cashewmilch und Apfelessig vermischen und beiseitestellen.

Datteln mit übrigem gefilterten Wasser in einen Topf geben und köcheln lassen, bis das Wasser absorbiert wurde und sich eine Paste gebildet hat. Das sollte nicht länger als 5 Min. dauern. Dann den Topf sofort vom Herd ziehen und 1 TL Backnatron einrühren. Die Mischung wird sprudeln. Rühren, bis das Sprudeln aufhört und die Paste abkühlen lassen.

Ungeschälte Bananen auf das Backblech legen und von jeder Seite 3 Min. im vorgeheizten Ofen backen, bis die Schale schwarz wird. Herausnehmen und die Temperatur auf 170 °C reduzieren. Pekannüsse auf das Backblech legen und 5–7 Min. im Ofen rösten. Abkühlen lassen und grob hacken.

In einer großen Schüssel das übrige Backnatron und alle trockenen Zutaten vom Teffmehl bis zum Salz miteinander mischen. Bananen schälen, zerdrücken und 200 g mit der Dattelpaste verrühren. Apfelmus, Melasse, Öl und Vanilleextrakt zur Cashewmilch geben. In der Mitte der trockenen Zutaten eine Vertiefung formen und Cashewmilch-Mix, Datteln und Bananen, Leinsamengel und ge- hackte Pekannüsse zufügen. Die Zutaten miteinander vermengen. Den Teig in die Kastenform füllen und 30 Min. im vorgeheizten Ofen backen. Die Temperatur auf 160 °C reduzieren und das Brot weitere 15–20 Min. backen. An einem eingeführten Holzstäbchen sollten keine Teigreste mehr haften bleiben. In der Form abkühlen lassen, dann erst herausnehmen.

Für die Sauce alle Zutaten in einen Topf geben, gut umrühren, dann zum Kochen bringen. Bei mittlerer Hitze 10 Min. köcheln und dabei die Flüssigkeitsmenge reduzieren, gelegentlich umrühren, damit nichts ansetzt. Nach 10 Min. ist die Sauce dicker und karamellfarben. Kardamomkapseln, Sternanis und Vanille- schote herausnehmen, Sauce in eine Schüssel geben und beiseitestellen.

Vor dem Servieren die Sauce gut umrühren und in einen Krug gießen. Die Kuchenstücke nach Wunsch mit zusätzlichen gehackten Pekannüssen bestreuen und mit der Sauce beträufeln. Kuchen und Sauce schmecken kalt oder warm. Der Kuchen hält sich luftdicht verpackt 5 Tage.

TIPP
Melasse entsteht bei der Gewinnung von Rohrzucker aus Zuckerrohr und enthält alle Vitamine, Mineralien und Ballaststoffe, die dem Zucker beim Herstellungsprozess entzogen werden. Der Sirup ist zudem zinkreich und verleiht Gebäck ein volles, köstliches Aroma. Da sein Geschmack sehr intensiv ist, brauchen Sie nur wenig davon.

Extra fruchtiges Früchtebrot

Für 10–12 Stücke

Früchtebrot

60 g Korinthen
60 g Sultaninen
60 g Rosinen
90 g getrocknete Feigen,
    Stängelansätze entfernt
90 g getrocknete Aprikosen
90 g Datteln
Abrieb von 1 Bio-Zitrone
60 ml Zitronensaft
Abrieb von 1 Bio-Orange
60 ml Orangensaft
Mark von 1 Vanilleschote plus Schote
60 g Ahornsirup
300 ml Tee, zubereitet aus 1 Darjeeling-
    und 1 Chai-Tee-Pyramidenbeutel
    (s. Tipp)
125 g ganze Mandeln
250 ml gefiltertes Wasser
¾ TL Himalayasalz
135 g Buchweizenmehl
135 g Kastanienmehl
5 TL Pfeilwurzelstärke
20 g Kichererbsenmehl
60 g Kokosblütenzucker
1½ TL Mixed Spice
1½ TL Backpulver
1 TL Backnatron
75 g natives Kokosöl

Glasur

3 frische oder TK-Pflaumen (100 g),
    entsteint
5 EL ungesüßter Apfelsaft
20 g Honig oder Kokosblütensirup

Wenn es draußen kalt ist, gibt es nichts Schöneres als ein saftiges Stück Früchtebrot zu einem heißen Becher Tee. Meine Variante des Klassikers enthält reichlich süße Früchte und knusprige Mandeln, ist aber nicht schwer. Anstatt in einer Kastenform können Sie dieses vegane Gebäck auch in einer runden Form (ø 18–20 cm) mit herausnehmbarem Boden als Weihnachtskuchen backen.

Trockenfrüchte mit Zitrusschalen und -säften, Vanillemark und -schote, Ahornsirup und Tee in eine Glas- oder Porzellanschüssel geben. Die Teepyramiden in die Früchte drücken. Über Nacht einweichen, aber nicht länger als 12 Std., weil sonst für die Bindung des Kuchens keine Flüssigkeit mehr übrig wäre. In einer zweiten Schüssel Mandeln in gefiltertem Wasser mit ½ TL Himalayasalz 8–12 Std. einweichen.

Den Backofen auf 170 °C vorheizen. Eine Kastenform (18 x 11 x 3 cm) mit Backpapier auslegen. In einer großen Schüssel alle trockenen Zutaten vom restlichen ¼ TL Salz bis zum Backnatron mischen. Mandeln gründlich abspülen, 50 g für den Belag beiseitestellen. In einer Küchenmaschine die restlichen Mandeln grob zerkleinern, dabei einige Stücke größer lassen. Zu den trockenen Zutaten geben.

Eingeweichte Feigen, Aprikosen und Datteln aus der Flüssigkeit nehmen und in der Küchenmaschine so lange zerkleinern, bis die Hälfte der Masse aus Pulpe besteht, die andere Hälfte aus ganzen Früchten. Zu den trockenen Zutaten geben. Vanilleschote und Teebeutel herausnehmen, ausdrücken und wegwerfen. Korinthen, Sultaninen und Rosinen mit der Flüssigkeit zu den trockenen Zutaten geben. Zum Schluss Kokosöl zerlassen und unterrühren, bis sich die Zutaten gut verbunden haben. Das Ganze in die Form geben und mit einem Messer bis in die Ecken verstreichen. Die Form einige Male leicht auf die Arbeitsfläche schlagen. Restliche Mandeln rund um den Rand legen, dabei leicht in den Teig drücken.

Das Früchtebrot 20 Min. im vorgeheizten Ofen backen. Die Temperatur auf 160 °C reduzieren und weitere 40 Min. backen. Dann sollte die Oberfläche eine goldbraune Farbe haben und an einem eingeführten Holzstäbchen sollten keine Teigreste mehr haften bleiben. In der Form vollständig abkühlen lassen.

Für die Glasur Pflaumen, Apfelsaft und Honig oder Kokosblütensirup zum Kochen bringen und 5 Min. köcheln lassen, bis eine dicke, glänzende Glasur entsteht. Topf vom Herd nehmen. Den Kuchen aus der Form nehmen und mit der Glasur bestreichen.

Luftdicht verpackt hält sich das Früchtebrot mind. 5 Tage. Ich bewahre es im Kühlschrank auf, dort bleibt es länger frisch und wird weicher. Das Brot lässt sich auch einfrieren.

TIPP

Für das warme, würzige und weihnachtliche Aroma verwenden Sie 1 Beutel schwarzen Tee wie Darjeeling und 1 Beutel Chai-Tee, der aus einem köstlichen Mix aus schwarzem Tee, Kardamom, Zimt und Ingwer besteht. Sie können normale Teebeutel verwenden, ich bevorzuge jedoch die Pyramidenbeutel, weil sie ganze Blätter enthalten und dadurch mehr Geschmack liefern.

Mandel-Teekuchen mit Aprikosen und Cranberrys

Für 10–12 Stücke

50 g natives Kokosöl
   plus etwas für die Form
60 g Mandeln
100 g getrocknete Aprikosen
70 g getrocknete Cranberrys
100 g gemahlene Mandeln
105 g braunes Reismehl
40 g Sorghum
15 g (2 EL) Maisstärke
15 g (2 EL) Pfeilwurzelstärke
70 g Palmzucker
½ TL Himalayasalz
½ TL Backpulver
½ TL Backnatron
½ TL gemahlene Nelken
2 Eier
190 g Kokosjoghurt
Abrieb von ½ Bio-Zitrone
Abrieb von 1 Bio-Orange

Perfekt zu einer Tasse feinen Tees: Dieser Mandelkuchen schmeckt nicht zu süß und ist ein wenig trockener als Rührkuchen. Cranberrys und Aprikosen balancieren das mit ihrer Saftigkeit und ihren süß-säuerlichen Aromen gut aus. Braunes Reismehl und Sorghum machen das Gebäck auf gesunde Art leicht, der Joghurt bringt Cremigkeit ins Spiel.

Den Backofen auf 170 °C vorheizen. Ein Backblech mit Backpapier belegen. Den Boden einer Kastenform (18 x 11 x 3 cm) fetten und mit Backpapier auslegen.

Die Mandeln auf dem Backblech verteilen und 7 Min. rösten bzw. bis sie eine goldgelbe Farbe haben. Anschließend grob hacken. Aprikosen in erbsengroße Stücke schneiden und mit Cranberrys und gehackten Mandeln vermengen. Alle trockenen Zutaten von den gemahlenen Mandeln bis zu den Nelken in einer großen Schüssel mischen. Umrühren, um etwaige Klümpchen aufzulösen, Mandeln und Trockenobst untermengen.

Eier, Joghurt sowie Zitronen- und Orangenschale mischen. Kokosöl zerlassen und unterrühren. In der Mitte der trockenen Zutaten eine Vertiefung formen und die Flüssigkeiten zugeben, die Zutaten gut vermengen.

Den Teig in die Form füllen, die Masse mit einem Palettenmesser glatt streichen. Den Kuchen 50 Min. im vorgeheizten Ofen backen. Dann sollte die Oberfläche goldgelb sein und an einem eingeführten Holzstäbchen sollten keine Teigreste mehr haften bleiben. Wird die Oberfläche zu dunkel, Temperatur in den letzten 10 Min. auf 160 °C reduzieren. 20 Min. in der Form abkühlen lassen, dann herausnehmen und noch warm servieren. Ich bestreiche die Scheiben gern noch mit Kokosöl oder Mandelmus.

Das Mandelbrot kann eingefroren werden, im Kühlschrank hält es sich luftdicht verpackt 5 Tage. Ist es nicht mehr so frisch, einfach im Backofen aufbacken.

VARIATION

Mandelbrot ohne Trockenobst
Soll der Zuckeranteil geringer sein, lassen Sie das Trockenobst weg und erhöhen dafür die Menge der Mandeln.

Feigen-Ingwer-Teekuchen mit dunklem Schokoaufstrich

....

Honigsüße Feigen und Bitterschokolade gepaart mit dem sanften Feuer von frischem Ingwer – wer könnte dieser Kombination widerstehen? Servieren Sie diesen außergewöhnlichen Teekuchen zum Frühstück oder Kaffee, entweder mit dem Schokoaufstrich oder einem Nussmus.

....

Für 10–12 Stücke

Feigen-Ingwer-Kuchen

2 TL Schwarzteeblätter, z. B. Darjeeling, Assam oder Earl Grey

200 g getrocknete Feigen, Stängelansätze entfernt

Abrieb von 1 Bio-Orange

1 TL gemahlener Kardamom

70 g Palmzucker

20 g Ingwer, fein gehackt

100 g Kastanienmehl

100 g Buchweizenmehl

15 g (1½ EL) Kichererbsenmehl

10 g (1¼ EL) Pfeilwurzelstärke

½ TL Backpulver

½ TL Himalayasalz

90 g selbst gemachte Schokolade (s. S. 156) oder Bitterschokolade (85 % Kakao), grob in kleine Stücke gehackt

1 Ei oder 60 g selbst gemachtes Apfelmus (s. S. 32)

Schokoaufstrich

60 g Palmzucker

100 g selbst gemachte Schokolade (s. S. 156) oder Bitterschokolade (85 % Kakao)

Teeblätter mit 200 ml aufgekochtem Wasser überbrühen und 4–6 Min. ziehen lassen, dann abgießen. Sie benötigen 200 ml Tee, ggf. noch heißes Wasser zugeben. In einer großen Schüssel Feigen, Orangenschale, Kardamom, Palmzucker und Ingwer mischen. Den Tee darübergießen und mind. 8 Std. ziehen lassen, am besten über Nacht.

Den Backofen auf 170 °C vorheizen. Eine Kastenform (19 x 9 x 6 cm) mit Backpapier auslegen. Die trockenen Zutaten vom Kastanienmehl bis zum Salz und die Schokoladenstücke mischen. Die Feigen in kleine Stücke schneiden – ich zerschneide die Feigen im Einweichtee mit einer Schere. Feigenstücke, Gewürze und Einweichflüssigkeit zu den trockenen Zutaten geben, dann Ei oder Apfelmus zufügen und alles gut vermengen. Den Teig in die vorbereitete Form geben und 20 Min. im vorgeheizten Ofen backen.

Die Temperatur auf 160 °C reduzieren und weitere 30 Min. backen. Jetzt sollte die Oberfläche goldgelb sein und Risse zeigen. An einem eingeführten Holzstäbchen dürfen keine Teigreste (allenfalls etwas Schokolade) mehr haften. Den Kuchen in der Form vollständig abkühlen lassen.

Für den Schokoaufstrich 100 ml Wasser und Palmzucker in einen Topf geben und aufkochen. Der Zucker muss sich vollständig auflösen. Die Schokolade im Wasserbad (s. S. 156) zerlassen. Nach und nach den heißen Sirup zur Schokolade gießen und unterrühren. Wenn sich eine homogene Masse gebildet hat, diese in ein Schraubglas füllen, die Oberfläche mit Backpapier abdecken und 1 Std. kalt stellen. Der Aufstrich sollte danach eine streichfähige Konsistenz haben. Kühl aufbewahren, aber nicht im Kühlschrank.

Den Schokoladenaufstrich zum Teekuchen servieren. Luftdicht verpackt hält sich das Brot 5 Tage (und schmeckt im Lauf der Zeit immer besser). Das Gleiche gilt für den Aufstrich. Die Kuchenscheiben eignen sich auch zum Toasten.

TIPPS

Den Schokoaufstrich nach der Fertigstellung nicht mit einem Löffel umrühren, er könnte Risse bekommen. Ist dies bereits geschehen, ärgern Sie sich nicht. Er schmeckt trotzdem noch genauso gut.

Der Kuchen gelingt auch ohne Ei oder Apfelmus. Die Teigmasse wird dann etwas fester und muss kräftig in die Form gedrückt werden.

Wenn Sie den Aufstrich mit selbst gemachter Schokolade zubereiten, braucht er einige Zeit, um fest zu werden. Dann mind. über Nacht in den Kühlschrank stellen.

Allround-Vollkornbrot mit Buchweizen- und Teffmehl

Für 12–16 Scheiben

40 g Sonnenblumenkerne
1 Prise Himalayasalz
100 ml gefiltertes Wasser
1½ TL natives Rapsöl
 plus etwas für die Form
25 g (2½ EL) Buchweizen- oder
 braune Reisflocken
150 ml Mandelmilch (s. S. 28)
1 TL Apfelessig
90 g Teffmehl
75 g braunes Reismehl
75 g Buchweizenmehl
1 TL grobes Meersalz, fein gemahlen
½ TL Backnatron
½ TL Backpulver
15 g (2 EL) ungeschwefelte Melasse
½ TL Xanthan
2 Eier

Mit den reichen Aromen der Vollkornmehle und dem sirupartigen, malzigen Geschmack der Melasse erinnert dieses Brot an irisches Soda-Brot, eines meiner Lieblingsbrote. Es hat eine herrlich krosse Kruste, im Inneren ist es weicher. Jeder Happen bietet eine leckere Portion gesunder Nährstoffe.

Die Sonnenblumenkerne mit dem Salz 8 Std. in gefiltertem Wasser einweichen.

Den Backofen auf 170 °C vorheizen. Eine Kastenform (17 x 10 x 6,5 cm) fetten und mit Buchweizen- oder braunen Reisflocken ausstreuen. Die Form leicht hin- und herschwenken, damit auch die Seiten gut bedeckt sind. Überschüssige Flocken herausschütteln und beiseitelegen.

Mandelmilch und Essig verrühren, um eine buttermilchähnliche Flüssigkeit zu erhalten, beiseitestellen. Mehle mit Meersalz, Backnatron und Backpulver mischen, gut umrühren, um etwaige Klümpchen aufzulösen. Sonnenblumenkerne abgießen und untermischen.

Öl, Melasse und Xanthan zur Milch geben und die Zutaten mit den Schneebesen eines Handrührgeräts kurz verrühren, bis sie sich verbunden haben und das Xanthan sich aufgelöst hat. Eier unterrühren, dann die Flüssigkeit zu den trockenen Zutaten geben und alles gründlich vermengen.

Den Teig in die Form füllen, die Oberfläche glatt streichen, dann die Form einige Male auf die Arbeitsfläche schlagen, damit Luftblasen entweichen. Das Brot 20 Min. im vorgeheizten Ofen backen, dann die Temperatur auf 150 °C reduzieren und weitere 10 Min. backen. Die Form auf den Kopf stellen und das Brot noch einmal 10 Min. backen. An einem eingeführten Holzstäbchen sollten keine Teigreste mehr haften und wenn man gegen die Unterseite des Brotes klopft, sollte es hohl klingen. Vollständig in der Form abkühlen lassen.

Das Brot schmeckt frisch aus dem Ofen sehr gut. Es hält sich 5 Tage und lässt sich gut einfrieren. Probieren Sie es auch getoastet, so kommen seine Aromen voll zur Geltung.

TIPPS

Sie können das Brot mit anderen Kernen und Samen zubereiten oder diese ganz weglassen. Es ist unglaublich vielseitig und passt zu allem – zum Frühstück schmeckt es mit Butter und Konfitüre oder mit Rührei und gegrillten Tomaten, zum Mittagessen mit einem Salat, am Abend belegt mit Räucherfisch und Gewürzgurke oder einfach zu einer Suppe oder einem Eintopf.

Süßkartoffel-Polenta-Brot

Für 10–12 Stücke

Ca. 500 g Süßkartoffeln
90 ml natives Rapsöl
  plus etwas für die Form
110 ml Mandelmilch (s. S. 28)
1 TL Apfelessig
210 g Instant-Polenta (Maismehl)
190 g braunes Reismehl
20 g (2½ EL) Pfeilwurzelstärke
½ TL Guarkernmehl
1½ TL Backpulver
1½ TL Backnatron
2 TL grobes Meersalz, fein gemahlen
3–4 kleine Frühlingszwiebeln (30 g),
  klein geschnitten
½ kleine rote Chilischote, klein
  geschnitten
2 Eier

Servieren Sie dieses unwiderstehliche Brot zum Grillen und reichen Sie dazu verschiedene Salate sowie Fisch, Fleisch aus der Region und Maiskolben vom Grill – Ihre Gäste werden glücklich sein. Unter einer knusprigen, goldgelben Kruste schlummert das liebliche Aroma der Süßkartoffel, dazu kommen die Würze der Frühlingszwiebeln und ein Hauch Chili.

Den Backofen auf 200 °C vorheizen. Süßkartoffeln 30 Min. im vorgeheizten Ofen backen, bis sie sich weich anfühlen und die Schale schrumpelig ist. Die Schalen abziehen und 300 g Süßkartoffelfleisch zum Abkühlen beiseitelegen.

Die Temperatur auf 190 °C reduzieren und den Boden einer Springform (ø 20 cm) mit Backpapier belegen. Den Innenrand der Form mit Öl fetten.

Mandelmilch und Apfelessig verrühren. In einer großen Schüssel alle trockenen Zutaten von der Polenta bis zum Meersalz mischen und gut durchrühren, um etwaige Klümpchen aufzulösen. Frühlingszwiebeln und Chilischote untermengen. Das Süßkartoffelfleisch mit einer Gabel in einer Schüssel zerdrücken, Rapsöl und Eier unterrühren. Zur Mandelmilch geben und einmal durchrühren. In der Mitte der trockenen Zutaten eine Vertiefung formen und die Kartoffel-Milch-Mischung nach und nach zugießen. So lange rühren, bis sich alle Zutaten verbunden haben.

Den Teig in die Form geben und glatt streichen. Das Brot 20 Min. im vorgeheizten Ofen backen. Die Temperatur auf 180 °C reduzieren und weitere 10 Min. backen. Das Brot ist fertig, wenn es sich fest anfühlt, die Oberfläche eine goldgelbe Farbe hat und an einem eingeführten Holzstäbchen keine Teigreste mehr haften. 10 Min. in der Form abkühlen lassen, dann vorsichtig herausnehmen und in Stücke schneiden. Warm mit Kokosöl oder Bio-Butter servieren. Luftdicht verpackt hält sich das Brot 5 Tage.

Reste-Mehrkorn-Quinoa-Brot

Saft: Für 1–2 Portionen
Brot: Für 14–20 Scheiben

Fenchel-Möhren-Ingwer-Saft
(Ergibt ca. 250–300 g Saftpulpe)
1 große Möhre (185 g)
2 Selleriestangen (125 g)
1 Fenchelknolle (240 g)
1 Apfel (125 g), entkernt
20 g Ingwer, geschält
Saft von 1 Zitrone

Quinoa-Brot
Natives Rapsöl für die Form
2 EL Chia-Samen
6 EL gefiltertes Wasser
250–300 g Saftpulpe (s. o.)
200 g Mandel- oder
  Haselnussmilchpulpe von 1 Rezeptmenge Nussmilch (s. S. 28)
100 g Quinoamehl
1 TL Himalayasalz
1 TL Backnatron
1 TL Backpulver
2 EL Flohsamenpulver
80 g Kürbiskerne, 8 Std. eingeweicht
  (s. S. 25)
80 g Sonnenblumenkerne, 8 Std.
  eingeweicht (s. S. 25)

Was tun mit Pulpen vom Entsaften und der Herstellung von Nussmilch? Sie besitzen noch viel Aroma und Nährstoffe, nicht zu vergessen gesunde Ballaststoffe, und sind zum Wegwerfen viel zu schade. Eine leckere Verwertungsmöglichkeit finden Sie hier. Die Gemüsepulpe gibt diesem veganen Brot Frische und Farbe, die Kerne und das Quinoamehl bereichern es mit einem nussigen, erdigen Aroma.

Für den Saft alle Zutaten entsaften. Zum Schluss Zitronensaft einrühren. Genießen Sie den Saft und stellen Sie die Pulpe für das Brot beiseite. Abhängig vom Entsafter können größere Stücke in der Pulpe sein. Kein Problem, sie sorgen für bunte und aromatische Extras.

Für das Brot den Backofen auf 160 °C vorheizen. Den Boden einer Kastenform (21 x 11 x 6 cm) fetten und mit Backpapier belegen.

Chia-Samen mit Wasser in eine Schüssel geben und 15 Min. darin quellen lassen, bis sich ein Gel bildet. Gemüse- und Nusspulpe in eine große Schüssel füllen und alle anderen Zutaten zusammen mit dem Chia-Gel zufügen. Den Teig mit den Händen kneten, durch die Feuchtigkeit der Pulpen sollte er klebrig sein. Den Teig in die vorbereitete Form füllen, in den Ecken herunter-drücken. Mit in Wasser getauchten Fingern den Teig glatt streichen.

Das Brot 40 Min. im vorgeheizten Ofen backen. Dann mit einem Messer vorsichtig am Rand der Form entlangfahren, das Brot auf ein Backblech stürzen und weitere 10 Min. backen. Es ist fertig, wenn an einem eingeführten Holzstäbchen keine Teigreste mehr haften bleiben und es hohl klingt, wenn man gegen die Unterseite klopft. Das Brot vollständig abkühlen lassen.

Durch die Feuchtigkeit der Pulpe ist das Brot sehr saftig. Am besten schneiden Sie es zum Toasten in dünne Scheiben. Im Kühlschrank hält es sich luftdicht verpackt 4 Tage. Oder Sie frieren es in Scheiben geschnitten ein, dann die tiefgefrorenen Scheiben in den Toaster stecken.

TIPPS

Wenn Sie nicht die angegebene Menge Saft- oder Nusspulpe haben, erhöhen Sie die jeweils andere Menge, sodass Sie insgesamt 450–500 g erhalten. Alternativ geben Sie gemahlene Mandeln zu, die vorher mit Wasser angefeuchtet wurden. Wenn Sie nur Nusspulpe haben, halbieren Sie den Rest der Zutaten, abgesehen vom Mehl. Dann gehen Sie wie im Rezept beschrieben vor, verringern aber die Backzeit um 10 Min.

Anstelle von Quinoamehl können Sie Buchweizenmehl verwenden, dann fügen Sie 1 Handvoll aktivierten, getrockneten Buchweizenschrot (s. S. 25) zu. Ist der Mix zu trocken, mischen Sie Wasser unter.

Soll das Brot getreidefrei sein, ersetzen Sie das Quinoamehl durch Kastanienmehl oder gemahlene Mandeln, oder Sie kombinieren beides und ergänzen es durch einen Nuss-Mix aus aktivierten Walnüssen, Mandeln und Haselnüssen. Sie können bis zu 200 g Nüsse nehmen.

Cookies, Brownies und Riegel

Mandelbiscotti mit Lavendel und Honig

Für 30–40 Biscotti

Biscotti
160 g Mandeln
110 g braunes Reismehl
85 g Sorghum
30 g Pfeilwurzelstärke
3 TL getrockneter Lavendel
¼ TL Himalayasalz
2 Eier
70 g Kokosblütenzucker
60 g Honig

Lavendel-Aprikosen-Creme
150 g Cashewkerne
300 ml gefiltertes Wasser
½ TL Himalayasalz
6 Aprikosen (240–300 g)
2 TL Zitronensaft
Mark von ¼ Vanilleschote
10–15 g (1 EL) heller Kokosblütensirup
   oder klarer Honig
1 gute Prise getrockneter Lavendel

Die rustikalen Kekse, auch Cantuccini genannt, stammen ursprünglich aus der Toskana. Sie werden mit gerösteten Mandeln, parfümiertem Honig und getrocknetem Lavendel verfeinert. Das zweimalige Backen macht sie besonders knusprig. Dippen Sie die Biscotti in Tee, Kaffee oder Vin Santo, einen köstlichen italienischen Süßwein.

Zuerst für die Creme die Cashewkerne in Wasser mit dem Himalayasalz 3–4 Std. einweichen. Abgießen und abtropfen lassen.

Den Backofen auf 180 °C vorheizen. Ein Backblech mit Backpapier belegen, die Mandeln darauflegen und 6–8 Min. im vorgeheizten Ofen rösten. Herausnehmen und abkühlen lassen. Ein zweites Backblech mit Backpapier belegen.

Reismehl, Sorghum und Pfeilwurzelstärke in einer großen Schüssel mischen, umrühren, um etwaige Klümpchen aufzulösen. In einer Gewürzmühle den Lavendel zu Pulver mahlen. Mit dem Salz zu den Mehlen geben. In einem Standmixer Eier bei schwacher Geschwindigkeit aufschlagen, nach und nach die Geschwindigkeit erhöhen, so lange mixen, bis eine feste und schaumige Masse entstanden ist. Kokosblütenzucker und Honig zugeben und weiterschlagen, bis alles verbunden ist. Die Eiermischung zusammen mit den Mandeln unter die trockenen Zutaten heben, nur kurz unterarbeiten, bis eine homogene Masse enstanden ist.

Aus dem Teig zwei flache Laibe formen und auf das Backblech legen. Der Teig ist recht flüssig, deshalb zügig arbeiten. Sofort 10 Min. im vorgeheizten Ofen backen, bis die Oberfläche goldgelb ist und die Laibe sich bei Berührung noch etwas weich anfühlen. Dann herausnehmen, den Ofen eingeschaltet lassen.

Die Laibe mit einem Sägemesser in Scheiben schneiden, nicht dicker als 1 cm. Lassen sie sich nicht gut schneiden, wenige Min. nachbacken, bis sie etwas fester geworden sind.

Die Scheiben nebeneinander auf das Blech legen und weitere 5–10 Min. backen, bis sie leicht gebräunt und fest geworden sind. Luftdicht verpackt halten sich die Biscotti 2 Wochen.

Für die Lavendel-Aprikosen-Creme Aprikosen entsteinen und mit den einge-weichten Cashewkernen, Zitronensaft, Vanillemark und Süßungsmittel im Mixer zerkleinern, bis das Ganze eine glatte Konsistenz hat. Am Rand klebende Masse herunterkratzen und ggf. noch mal durchmixen. Zum Schluss den gemahlenen Lavendel in kleinen Prisen zugeben und abschmecken. Ggf. noch etwas nach-süßen. Die Creme in eine Schüssel füllen und zu den Biscotti servieren. In einem Schraubglas aufbewahrt bleibt sie im Kühlschrank 4 Tage frisch.

TIPP
Ein duftender Blütenhonig wie Lavendelhonig eignet sich für dieses Rezept ganz besonders. Soll daraus ein sommerlicher Nachtisch werden, frische Aprikosen in Dessertschalen geben, darauf die Creme und zerkrümelten Biscotti verteilen und mit Honig beträufelt servieren.

Haselnuss-Sablés mit Schokolade, Orange und Rosmarin

Für ca. 14 Sablés

95 g vegane Margarine oder Butter
  (s. S. 11)
30 g Kokosblütenzucker
Abrieb von ½ Bio-Orange
2 TL Rosmarin, fein gehackt
¼ TL grobes Meersalz, fein gemahlen
1 Eigelb
85 g Haselnusskerne
65 g Buchweizenmehl
50 g selbst gemachte Schokolade
  (s. S. 156) oder Bitterschokolade
  (85 % Kakao)

Die Sablés (vom französischen Wort „Sand" abgeleitet) schmecken butterig, sind knusprig und zergehen im Mund. Das Grundrezept aus Mehl, Butter und Zucker habe ich abgewandelt und gehackte Haselnüsse als Kontrast zum krümeligen Buchweizenteig zugefügt. Dazu kommt eine herrliche Aromenkombination aus Rosmarin, dunkler Schokolade und Orange.

Butter und Kokosblütenzucker mit Orangenschale, Rosmarin und Salz hellschaumig aufschlagen. Eigelb unterrühren. Die Haselnüsse in der Küchenmaschine in kleine Stückchen hacken, aber nicht mahlen. Nüsse mit Mehl mischen, dann zu den feuchten Zutaten geben und gut unterarbeiten. Zum Schluss die Schokolade in erbsengroße Stücke hacken und unterziehen.

Die Masse ist feucht und klebrig, das ist in Ordnung. Den Mix aus der Rührschüssel kratzen und auf ein Stück Backpapier (30 x 30 cm) geben. Mithilfe des Backpapiers zu einer Rolle (Ø 4 cm) formen. 2–3 Std. oder über Nacht einfrieren, bis der Teig fest genug zum Schneiden ist. Falls nötig, können Sie die ungebackenen Kekse noch nachformen.

Den Backofen auf 170 °C vorheizen. Ein Backblech mit Backpapier belegen. Die Rolle in 1 cm dicke Scheiben schneiden, diese auf das Backblech legen und 10–15 Min. im vorgeheizten Ofen backen. Die Kekse sollten dann in der Mitte Farbe haben und ihre Ränder dunkel goldgelb sein. Die Sablés auf dem Blech vollständig abkühlen lassen. Luftdicht verpackt halten sie sich 5 Tage.

TIPP
Wenn Ihnen die Schokolade zu bitter ist, können Sie auch eine Sorte mit 75 % Kakao (oder weniger) verwenden.

COOKIES, BROWNIES UND RIEGEL 93

Schoko-Erdnussbutter-Träume mit Himbeerkonfitüre

....

Für 12 Kekse

Kekse

100 g Erdnusskerne
100 g Hafermehl plus etwas zum
 Bestäuben
4 TL Pfeilwurzelstärke
½ TL Himalayasalz
½ TL Backpulver
40 g Kokosöl, weich, aber nicht
 zerlassen
60 g Kokosblütenzucker
90 g glatte Erdnussbutter
1 TL Vanilleextrakt
300 g selbst gemachte Schokolade
 (s. S. 156) oder Bitterschokolade
 (85 % Kakao)
140 g selbst gemachte schnelle
 Himbeerkonfitüre (s. S. 32) oder
 Fruchtaufstrich ohne Zuckerzusatz

Garnitur

Flockiges Meersalz
6 gefriergetrocknete Himbeeren oder
 1 kleine Handvoll gefriergetrocknete
 Himbeerstückchen

Diese Kekse erheben bescheidene Erdnussbutter und Konfitüre in den Genießer-himmel. Beißt man hinein, zerbricht die dunkle Schokoglasur, um ein mürbes und leicht salziges Erdnussbutter-Cookie, bestrichen mit Himbeerkonfitüre, freizugeben – mmh! Bereits das Eindippen der Kekse in die flüssige Schokolade macht Freude, und falls Schokolade übrig bleibt … Das überlasse ich Ihnen.

....

Den Backofen auf 170 °C vorheizen. Ein Backblech mit Backpapier belegen. Erdnüsse, Hafermehl und Pfeilwurzelstärke in der Küchenmaschine so fein wie möglich hacken, Salz und Backpulver zugeben und noch einmal zerkleinern. In einer großen Schüssel Kokosöl, Kokosblütenzucker, Erdnussbutter und Vanilleextrakt mit der Rückseite eines Holzlöffels mischen, dabei etwaige Klümpchen des Kokosöls auflösen. Die trockenen Zutaten mit der Kokos-Erdnussbutter-Mischung vermengen. Zum Schluss das Ganze mit den Händen kneten.

Den Teig auf eine leicht bemehlte Arbeitsfläche legen und knapp 1 cm dick ausrollen. Mit einem runden Ausstecher (Ø 6 cm) Kreise ausstechen. Teig wieder ausrollen und restliche Kreise ausstechen. Die Kreise mithilfe eines Messers auf das Backblech legen. 16 Min. im vorgeheizten Ofen backen, die Kekse sollten hellbraun sein. Auf dem Blech abkühlen lassen. Nicht vorher herunterheben, die Kekse sind mürbe und zerbrechen leicht.

Ein kleines Backblech mit Backpapier belegen und in den Gefrierschrank stellen. Die Schokolade im Wasserbad (s. S. 156) zerlassen und auf 28–30 °C erhitzen. Mit einem Teigpinsel die Oberflächen der abgekühlten Kekse dünn mit Schokolade bepinseln. Trocknen lassen, dann 3 mm dick mit Himbeerkonfitüre bestreichen.

Das Blech aus dem Gefrierschrank nehmen. Die Kekse mithilfe einer Gabel in die flüssige Schokolade tauchen und damit überziehen. Den Keksboden vorsichtig am Schüsselrand abstreifen, dann die Kekse mithilfe der Gabel auf das Backblech setzen. Ggf. ein Messer benutzen, wenn der Keks sich nicht löst.

Solange die Schokolade noch feucht ist, jeden Keks mit Meersalz und zerkrümelten gefriergetrockneten Himbeeren bestreuen. Wenn Sie so lange widerstehen können, können Sie die Kekse luftdicht verpackt bis zu 4 Tage aufbewahren.

Chili-Schoko-Cookies

Ihre knusprige Kruste und ihr weicher Kern machen diese getreidefreien Cookies sehr verführerisch. Zudem sind sie blitzschnell zubereitet. Das scharfe Chilipulver wärmt den Gaumen und harmoniert vortrefflich mit der bittersüßen Schokolade.

Für 12 Cookies

1 Ei
50 g Kokosblütenzucker
130 g Mandelmus (s. S. 26)
½ TL Vanilleextrakt
½ TL grobes Meersalz, zwischen den
  Fingern zerrieben
Einige Prisen scharfes Chilipulver,
  nach Geschmack
100 g selbst gemachte Schokolade
  (s. S. 156) oder Bitterschokolade
  (75–85 % Kakao, je nach Geschmack),
  in erbsengroße Stücke gehackt

Den Backofen auf 170 °C vorheizen. Ein Backblech mit Backpapier belegen. Ei mit Kokosblütenzucker verrühren. Mandelmus, Vanilleextrakt und Salz unterrühren, dann Chilipulver und Schokoladenstückchen. Esslöffelweise Häufchen auf das Backblech setzen, mit dem Rücken eines Löffels oder mit dem Finger glätten. Die Cookies sollten 6 cm Ø haben (sie zerlaufen nicht). 9 Min. im vorgeheizten Ofen backen bzw. so lange, bis die Ränder goldbraun sind und die Mitte noch weich ist. Auf dem Blech abkühlen lassen, dann mit einem Messer vom Backpapier nehmen. Die Cookies schmecken köstlich, wenn sie noch warm sind, beim Abkühlen werden sie etwas weicher. Luftdicht verpackt halten sie 5 Tage.

Chai-Hafer-Cookies mit Rosinen

Ich liebe Hafer-Rosinen-Cookies, beim Backen dieser Kekse muss ich mich wirklich beherrschen! Ihr Rand ist knusprig, ihr Inneres dank der saftigen Trockenfrüchte weich. Die Gewürze verleihen ihnen einen aromatischen Geruch, dem man nicht lange widerstehen kann.

Für 18–20 Cookies

105 g glutenfreie Haferflocken
  plus einige zum Bestreuen
45 g Hafermehl
45 g Kichererbsenmehl
25 g Maisstärke
25 g (3 EL) Pfeilwurzelstärke
25 g gemahlene Leinsamen
¾ TL Backnatron
1 TL Himalayasalz
105 g Palmzucker
½ TL Ingwerpulver
½ TL gemahlene Nelken
½ TL gemahlener Kardamom
1½ TL Zimt
1 Prise schwarzer Pfeffer, nach Belieben
¾ TL Guarkernmehl
40 g Korinthen
40 g Sultaninen
40 g Rosinen
150 ml natives Rapsöl
125 g selbst gemachtes Apfelmus
  (s. S. 32)
2 TL Vanilleextrakt

Den Backofen auf 170 °C vorheizen. Ein Backblech mit Backpapier belegen.

Alle trockenen Zutaten von den Haferflocken bis zum Guarkernmehl in einer großen Schüssel mischen. Mit einem Schneebesen durchrühren, um etwaige Klümpchen aufzulösen und das Guarkernmehl gut zu verteilen. Korinthen, Sultaninen und Rosinen untermischen. In der Mitte eine Vertiefung formen. Öl, Apfelmus und Vanilleextrakt zugeben und mit einem Holzlöffel unterarbeiten. 40 g Teig abwiegen und als Richtgröße für die Cookies verwenden. Löffelweise ebenso große Häufchen aufs Backblech setzen, mit dem Löffelrücken etwas flach drücken. Der Teig ist klebrig, die Cookies sollten etwas dicker als 1 cm sein. Mit den zusätzlichen Haferflocken bestreuen.

9–10 Min. im vorgeheizten Ofen backen, die Cookies sollten dann goldbraun sein und an den Rändern etwas dunkler als in der Mitte. 10 Min. abkühlen lassen, dann noch warm genießen. Luftdicht verpackt können die Cookies 3 Tage aufbewahrt werden, sie eignen sich auch zum Einfrieren.

Tutti-Frutti-Buchweizen-Florentiner

Für 20 Florentiner

100 g Mandeln, grob gehackt
100 g Buchweizenschrot
40 g getrocknete Aprikosen, klein gehackt
40 g getrocknete Blaubeeren
40 g getrocknete Cranberrys
30 g Kokosöl
50 g Kokosblütenzucker
20 g Kokosblütensirup
20 g Buchweizenmehl
150 ml Kokosmilch (Dose)
200 g selbst gemachte Schokolade (s. S. 156) oder Bitterschokolade (85 % Kakao)

Absolut schnell zu zaubern sind diese weichen, knusprigen, nussigen, fruchtigen Köstlichkeiten! Experimentieren Sie mit unterschiedlichen Nüssen und Früchten. Ich mag die Kombination von Cranberrys, Blaubeeren und Aprikosen mit Mandeln, doch sind Korinthen, gehackte Feigen, Haselnüsse und Pistazien genauso lecker.

Den Backofen auf 170 °C vorheizen und ein großes Backblech mit Backpapier belegen.

Mandeln mit Buchweizenschrot, Aprikosen, Blaubeeren und Cranberrys mischen. Größere Klümpchen der Trockenfrüchte mit den Fingern auflösen.

In einem mittelgroßen Topf Öl mit Kokosblütenzucker und -sirup zerlassen, darauf achten, dass nichts ansetzt. Mehl 1 Min. einrühren, bis sich eine dicke Paste bildet. Dann sofort die Kokosmilch einrühren. 1 Min. fortfahren, bis das Ganze eine glatte und dicke Konsistenz hat. Auf keinen Fall länger rühren.

Topf vom Herd nehmen und den Nuss-Frucht-Mix zugeben. Alles gut vermengen. Gehäufte Teelöffel der Masse auf das Backblech setzen, dazwischen jeweils 1 cm Abstand lassen. Mit dem Löffelrücken flach drücken. Die Florentiner 15 Min. im vorgeheizten Ofen backen. Ihre Oberfläche sollte dann goldbraun sein. Auf dem Blech vollständig abkühlen lassen.

Die Schokolade im Wasserbad (s. S. 156) zerlassen und auf 28–30 °C erhitzen. Den Boden der abgekühlten Florentiner mithilfe einer Gabel in die Schokolade tauchen, überschüssige Schokolade abtropfen lassen. Die Florentiner mit der Schokoladenseite nach oben auf ein Stück Backpapier legen. Nach Belieben mithilfe der Gabel die Schokoladenseite mit einem Zickzackmuster verzieren. Die Glasur an einem kalten Ort oder im Kühlschrank fest werden lassen. Sofort servieren.

Luftdicht verpackt halten sich die Florentiner 5 Tage.

Hanfkräcker mit Kräutern

Saft: 1 Portion
Für 90 Kräcker

Basischer grüner Saft
(Ergibt ca. 170 g Saftpulpe)
80 g Grünkohl
25 g Spinat
⅓ Salatgurke (ca. 135 g)
2–3 Selleriestangen (ca. 115 g)
20 g glatte oder krause Petersilie
1 kleine Birne (ca. 120 g), entkernt

Kräcker
170 g Saftpulpe (Rezept s. o.)
200 g Mandel- oder Haselnusspulpe
    von 1 Rezeptmenge Nussmilch
    (s. S. 28)
120 g Tahini
100 g geschälte Hanfsamen plus einige
    zum Bestreuen
45 g Schnittlauchröllchen
45 g Petersilie, fein gehackt
20 g Basilikum, fein gehackt
1–1½ TL Himalayasalz
Schwarzer Pfeffer zum Abschmecken
2 EL Flohsamenpulver
Abrieb und 20 ml Saft von 1 Bio-Limette
1 winzige Prise Chiliflocken, nach
    Belieben
½ TL Zatar (Gewürzmischung),
    nach Belieben

Noch ein Rezept für die pfiffige Resteverwertung: Die Kräcker werden mit Gemüse-und Nusspulpe zubereitet. Sie schmecken sehr gut zu Hummus, Baba Ghanoush und anderen Dips, aber auch zerkrümelt über Salaten. Schnittlauch, Petersilie und Basilikum verleihen ihnen ein frisches Aroma, Chili und Zatar das gewisse Etwas.

Für den Saft alle Zutaten entsaften. Genießen Sie den Saft und verwenden Sie die Pulpe für die Kräcker.

Alle Zutaten für die Kräcker in eine große Schüssel geben und mit den Händen mischen, den Mix durch die Finger drücken, bis ein teigähnlicher Kräuterball entsteht. Ggf. abschmecken.

Einen Teil der Mischung auf einem Stück Backpapier dünn ausstreichen. Erst mit den trockenen Händen arbeiten, dann die Finger in Wasser tauchen und die Mischung noch besser verteilen. Das Ganze mit einem Winkel-Palettenmesser 3–4 mm dick ausstreichen. Fühlt sich die Mischung zu fest an, das Messer in Wasser tauchen. So lässt sie sich gleichmäßig verteilen.

Mit einem Messer Quadrate oder Rechtecke (5 x 4 cm) markieren. Mit den zusätzlichen Hanfsamen bestreuen und diese leicht eindrücken. Das Ganze wiederholen, bis der ganze Mix auf dem Backpapier verteilt ist.

Den Teig in einen Dehydrator stellen und 24 Std. bei 45 °C trocknen lassen. Ich mag die Kräcker knusprig und zugleich noch ein bisschen weich. Sollen sie knuspriger werden, länger trocknen lassen. Wer keinen Dehydrator besitzt, stellt den Backofen auf niedrige Temperatur (60 °C) und trocknet die Kräcker 3–4 Std. Dann sind sie eher goldbraun und nicht grün.

Luftdicht verpackt halten sich die Kräcker 2 Wochen. Im Kühlschrank aufbewahrt bleiben sie frischer.

TIPP
Die Mengen für die Pulpe sind ein Richtwert. Sie benötigen die Fasern und die Feuchtigkeit – kein Problem, wenn Sie leicht abweichende Mengen haben oder die Pulpe von einem anderen Saft stammt. Passen Sie die Menge der übrigen Zutaten an. Variieren Sie das Rezept mit Ihren Lieblingskräutern und -gewürzen. Eine Kombination von Kurkuma, frischem Ingwer, Kreuzkümmel mit Sellerie, Roter Bete, Möhren und Apfelsaft ergibt leicht orangefarbene Kräcker (s. Foto).

Schoko-Trüffel-Brownies

Für 30 rechteckige oder 48 dreieckige Brownies

100 g Kokosöl plus etwas für die Form
150 g Bitterschokolade (100 % Kakao)
280 g Kokosblütenzucker
1 TL grobes Meersalz
  plus ½ TL zum Bestreuen
4 Eier
2 TL Vanilleextrakt
80 g Teffmehl

Die besten Brownies meines Lebens habe ich in der Schokoladenmanufaktur „El Quetzal" im Regenwald Ecuadors probiert. Das Geheimnis ihres intensiven Aromas war eine besondere Zutat – Kakaolikör aus 100%igem Kakao, hergestellt aus den Bohnen der eigenen Plantage. Dieses Rezept ist mein Versuch, ihrem Geschmack nahezukommen.

Den Backofen auf 170 °C vorheizen. Eine rechteckige Form (30 x 20 cm) fetten.

Das Öl mit der Schokolade im Wasserbad (s. S. 156) schmelzen. Vom Herd nehmen, Zucker und Salz einrühren, dann Eier und Vanilleextrakt. Zum Schluss das Mehl unterarbeiten. Jetzt sollte die Masse eine glatte Konsistenz haben und glänzen. In die vorbereitete Form geben und verstreichen. Mit Salz bestreuen und 15 Min. im vorgeheizten Ofen backen. An einem eingeführten Holzstäbchen sollten keine Teigreste mehr haften. Die Brownies fühlen sich fest an und an den Rändern ist der Teig leicht eingerissen.

In der Form abkühlen lassen, dann in 30 Rechtecke (5 x 4 cm) oder in 48 kleine Dreiecke schneiden (dafür 5 x 5 cm große Quadrate quer halbieren). Sie können die Brownies auch als Petits Fours zum Rezept auf S. 141 servieren. Sie halten sich luftdicht verpackt im Kühlschrank 5 Tage und können auch eingefroren werden.

Karamell-Blondies mit Kirschen und Macadamianüssen

Für 20 Blondies

Etwas Kokosöl für die Form
2 Eier
100 g Kokosblütenzucker
  plus 1 Handvoll zum Bestreuen
260 g Cashewmus (s. S. 26)
1 TL grobes Meersalz
Mark von 1 Vanilleschote
Abrieb von 1 kleinen Bio-Zitrone
40 g Kakaobutter
60 g getrocknete Sauerkirschen
70 g Macadamianusshälften
40 g gemahlene Mandeln
1 TL Backpulver

Die leichte Säure der Kirschen ist das i-Tüpfelchen dieser Blondies. Sie sticht aus den sanfteren Karamell- und Schokoladenaromen hervor, die von Kakao, Kokosblütenzucker und Macadamianüssen stammen. Alle diese Komponenten vereinen sich beim Hineinbeißen – mmh!

Den Backofen auf 160 °C vorheizen. Eine quadratische Form (20 cm) fetten und mit Backpapier belegen.

Eier mit dem Zucker verrühren. Cashewmus, Salz, Vanillemark und Zitronenschale vermengen, dann zur Eier-Zucker-Mischung geben und gut unterrühren. Kakaobutter zerlassen und mit 40 g Sauerkirschen und der Hälfte der Nüsse zufügen. Zusammen mit Mandeln und Backpulver unterarbeiten. Den Teig in die vorbereitete Form füllen, verstreichen und mit den restlichen Sauerkirschen und Nüssen belegen. Diese leicht in den Teig drücken. Mit einer guten Handvoll Kokosblütenzucker bestreuen.

Den Teig 20–25 Min. im vorgeheizten Ofen backen. Dann sollten die Ränder etwas dunkler und die Oberfläche goldgelb sein. In der Form abkühlen lassen, dann in Stücke (5 x 4 cm) schneiden. Luftdicht verpackt halten sich die Blondies 5 Tage.

COOKIES, BROWNIES UND RIEGEL 103

Tahini-Shortbread mit Walnüssen und Feigen

Für 24 Stücke

Weiße Schokoladencreme
120 g Cashewmus (s. S. 26)
180 g Kakaobutter, zerlassen
Mark von ½ Vanilleschote
Abrieb von ½ Bio-Zitrone
65 g Honig
1 Prise Himalayasalz

Shortbread
360 g Walnusskerne
80 g Kokosöl, weich, aber nicht
  zerlassen
120 g Kokosblütenzucker
180 g helle Tahinipaste
2 TL Vanilleextrakt
200 g Hafermehl
20 g Pfeilwurzelstärke
2 TL grobes Meersalz, fein gemahlen
1 TL Backpulver
200 g getrocknete Feigen,
  Stängelansätze entfernt

Dieses Shortbread ist wahnsinnig gut! Knusprige, geröstete Walnüsse und süße, saftige Feigen, überzogen mit weißer Schokocreme auf einem leicht salzigen Keksboden – was will man mehr? Nun, das Gebäck punktet auch mit nährstoffreichen Zutaten – geben Sie der Versuchung also einfach nach!

Für die Creme alle Zutaten in einen Mixer geben und glatt rühren. Die Masse in eine Schüssel füllen und an einen warmen Ort stellen, damit sie nicht fest wird.

Den Backofen auf 170 °C vorheizen. Eine Form (30 x 20 x 3 cm) mit Backpapier auslegen. Ein Backblech mit Backpapier belegen, 160 g der Walnusskerne darauf verteilen und 7 Min. rösten, bis die Nüsse leicht Farbe haben. Abkühlen lassen.

Kokosöl, Kokosblütenzucker, Tahinipaste und Vanilleextrakt in einer großen Schüssel verrühren. Die restlichen Walnusskerne mit dem Hafermehl und der Pfeilwurzelstärke in eine Küchenmaschine geben und so fein wie möglich zerkleinern. Salz und Backpulver zugeben und noch einmal mixen. Die trockenen Zutaten mit den Zutaten in der Schüssel mischen und alles mit den Händen zu einem Teig kneten. Die Masse in die Form geben und mit einem Palettenmesser gut verstreichen. 30–35 Min. im vorgeheizten Ofen backen, dann in der Form abkühlen lassen.

Die Feigen grob in jeweils vier bis sechs Stücke hacken. Die gerösteten Walnüsse erbsengroß hacken. Gründlich unter die Schokocreme rühren, dann das Ganze sofort auf das abgekühlte Shortbread streichen. 30 Min. in den Gefrierschrank stellen, dann aus der Form nehmen und mit einem Sägemesser in 5 cm große Quadrate schneiden. Sofort servieren. Luftdicht verpackt halten sich die Schnitten 5 Tage.

TIPP
Für eine vegane Schokocreme statt Honig Kokosblütensirup verwenden.

Rohkost-Energieschnitten

Für 25 Schnitten

150 g getrocknete Feigen,
  Stängelansätze entfernt
Abrieb und 70 ml Saft von 1 Bio-Orange
1 EL natives Leinsamenöl
30 g Tahinipaste
2 TL Vanilleextrakt
½ TL Himalayasalz
2 EL Chia-Samen
5 EL Kürbiskerne
5 EL geschälte Hanfsamen
100 g Paranüsse, grob in je 3 Stücke
  gehackt
2 EL Hanfproteinpulver
1–2 TL Moringapulver, nach Belieben
100 g Mandeln
20 g Goji-Beeren

Die Könige der Samen haben sich hier versammelt: Hanfsamen, Leinsamen und Chia-Samen, dazu Kürbiskerne! Die Schnitten liefern große Mengen an Eiweiß, essentiellen Fettsäuren und Ballaststoffen. Ich gebe gern das Superfood Moringa zu, das 13 essenzielle Vitamine und Mineralien, Eisen und Antioxidantien enthält sowie proteinreich ist.

Eine quadratische Form (20 cm) mit Backpapier auslegen. Feigen mit Orangenschale und -saft, Öl, Tahinipaste, Vanilleextrakt und Salz in der Küchenmaschine zerkleinern, bis sich alle Zutaten zu einer groben, glatten Paste verbunden haben. Restliche Zutaten außer Mandeln und Goji-Beeren zugeben und weiter verarbeiten, bis die Mischung eine Art Teigkugel bildet. Mandeln und Goji-Beeren kurz unterarbeiten, nur einige wenige Mandeln sollten zerkleinert werden, die restlichen ganz bleiben. Die Masse in die Form geben und glatt verstreichen. 1 Std. kalt stellen, dann in 4 cm große Quadrate schneiden. Im Kühlschrank halten sich die Schnitten 5 Tage, eingefroren mind. 1 Monat.

TIPP

Hanfprotein liefert für den menschlichen Organismus ein optimales Aminosäureprofil.

Mandel-Hafer-Schnitten mit Himbeeren

Für 12 Schnitten oder 24 kleine Würfel

120 g Hafermehl
100 g glutenfreie Haferflocken
  plus 20 g zum Bestreuen
1 TL Zimt
3 TL Pfeilwurzelstärke
1 TL Backpulver
1 TL Himalayasalz
120 g Mandelmus (s. S. 26)
Mark von 1 Vanilleschote
100 g Kokosblütensirup
  plus 1 EL für den Belag
Abrieb von 1 Bio-Zitrone
200 g frische oder TK-Himbeeren
120 g selbst gemachtes Apfelmus
  (s. S. 32)
50 g Mandelblättchen

Ideal, wenn fürs Frühstück wenig Zeit ist, aber auch praktisch als Snack für Kinder, fürs Picknick oder als Energiekick am Nachmittag. Fruchtig, mürbe, saftig – und viel besser als gekaufte Müsliriegel!

Den Backofen auf 160 °C vorheizen und eine quadratische Form (20 cm) mit Backpapier auslegen.

Alle trockenen Zutaten vom Hafermehl bis zum Salz mischen. In einer großen Schüssel Mandelmus, Vanillemark, Kokosblütensirup und Zitronenschale verrühren. Die trockenen Zutaten zufügen und gut unterarbeiten. Die Masse ist sehr fest, falls nötig, das Ganze mit den Händen kneten. Dann abwiegen, drei Viertel davon in die Form geben und 5 mm dick bis in die Ecken verstreichen.

Himbeeren, Apfelmus und 1 EL Kokosblütensirup mit einer Gabel vermengen, auf den Boden geben und verstreichen. Den restlichen Hafer-Mix darauf verteilen, anschließend mit Mandelblättchen und Haferflocken bestreuen. Das Ganze leicht in die Himbeeren drücken, damit es später beim Essen nicht krümelt. 15 Min. im vorgeheizten Ofen backen, dann die halb gebackene Streuselmischung noch einmal in die Himbeeren drücken. Weitere 10–15 Min. backen. Der Streusel-Mandel-Belag sollte eine goldbraune Farbe haben.

Vollständig in der Form abkühlen lassen, anschließend in zwölf Schnitten (8 x 4 cm) oder 24 kleine Quadrate schneiden. Luftdicht verpackt halten sich die Schnitten 5 Tage im Kühlschrank. Sie lassen sich auch einfrieren.

Kernige Getreideschnitten

Getreideflocken sind gesund, besonders dann, wenn unterschiedliche Sorten kombiniert werden und so eine vielfältige Kohlenhydratmischung entsteht. Dazu einige Samen, Kerne und Walnüsse – und schon versorgen Sie sich und Ihre Familie mit der täglich benötigten Portion Omega-3- und Omega-6-Fettsäuren.

Für 30 Schnitten

100 g Walnusskerne, grob gehackt
50 g Leinsamen
50 g Sesamsamen
100 g Sonnenblumenkerne
100 g Kürbiskerne
2 TL Himalayasalz
1 l gefiltertes Wasser
50 g gemahlene Leinsamen
80 g glutenfreie Haferflocken
80 g Buchweizenflocken
80 g Quinoaflocken
80 g braune Reisflocken
80 g Hirseflocken
1 TL Mixed Spice
1 TL Zimt
1½ TL grobes Meersalz, gemahlen
2 TL Vanilleextrakt oder Mark von
   1 Vanilleschote
200 g selbst gemachtes Apfelmus
   (s. S. 32)
150 ml natives Rapsöl
Abrieb und Saft von 1 Bio-Orange

Walnüsse sowie alle Samen und Kerne (außer den gemahlenen Leinsamen) 8 Std. oder über Nacht mit Himalayasalz in gefiltertem Wasser einweichen. Abgießen und gründlich abspülen.

Den Backofen auf 160 °C vorheizen. Eine rechteckige Form (30 x 20 x 3 cm) mit Backpapier auslegen.

In einer großen Schüssel gemahlene Leinsamen, alle Flocken, Mixed Spice, Zimt und Salz mischen. Die eingeweichten Nüsse, Samen und Kerne zugeben und untermengen. Vanilleextrakt, Apfelmus, Öl, Orangenschale und -saft verrühren, zufügen und gut unterarbeiten.

Die Mischung in die Form geben und bis in die Ecken verstreichen. 1 Std. im vorgeheizten Ofen backen. Dann sollte die Oberfläche eine schöne goldbraune Farbe haben. Vollständig in der Form abkühlen lassen. Herausnehmen und auf ein Brett legen. Mit einem scharfen Sägemesser in Schnitten (2,5 x 6,5 cm) schneiden.

Die Temperatur auf 170 °C erhöhen. Die Schnitten auf das Backblech legen und weitere 20–25 Min backen, nach der Hälfte der Zeit einmal wenden, damit sie von allen Seiten knusprig braun werden. Luftdicht verpackt halten sich die Schnitten 5 Tage, sie lassen sich auch einfrieren.

VARIATIONEN

Natürlich gesüßte Getreideschnitten
Ich bereite diese Schnitten gern zuckerfrei zu, weil dann die Aromen der gerösteten Samen, Kerne und Nüsse viel besser zur Geltung kommen. Mögen Sie es aber süßer, ergänzen Sie 5 EL Dattelsirup oder ein anderes natürliches Süßungsmittel. Zusammen mit Orangenschale und -saft können Sie auch zusätzlich 150 g erbsengroß gehackte Datteln oder andere Trockenfrüchte zufügen.

Haselnuss-Buchweizen-Schnitten mit Blaubeeren
Gehen Sie wie im Rezept auf S. 108 unten beschrieben vor, doch ersetzen Sie Hafermehl und -flocken durch Buchweizenmehl und -flocken, das Mandelmus durch Haselnussmus, Mandelblätter durch gehackte Haselnüsse und Himbeeren durch Blaubeeren.

Kokos-Quinoa-Kakao-Riegel

Für 12 Riegel

Riegel

60 g natives Kokosöl, zerlassen,
plus etwas für die Form
120 g Medjool-Datteln
Mark von 1 Vanilleschote
1 TL Vanilleextrakt
1 TL Himalayasalz
1¼ TL Zimt
50 g selbst gemachte Schokolade
(s. S. 156) oder Bitterschokolade
(85 % Kakao)
100 g Kokosraspel
50 g Quinoaflocken
50 g Kakaonibs
20 g Kokosblütensirup

Überzug

20 g Kokosraspel
100 g selbst gemachte Schokolade
(s. S. 156) oder Bitterschokolade
(85 % Kakao)

Wenn Sie dunkle Schokolade und Kokosnuss lieben, sollten Sie diese Riegel probieren. Ein Hauch von Himalayasalz und Vanille runden die superleckere Kombination ab. Die Riegel sind schnell zuzubereiten, es lohnt sich also, gleich für die ganze Woche vorzusorgen.

Eine Kastenform (18 x 11 x 8 cm) fetten und mit Backpapier auslegen.

Datteln mit Vanillemark und -extrakt, Salz und Zimt in einer Küchenmaschine zu einer groben Paste verarbeiten. Schokolade klein hacken und mit Kokosraspel, Quinoaflocken und Kakaonibs zur Paste geben und gut unterarbeiten. Kokosöl und Kokosblütensirup zufügen. Noch einmal vermengen, bis alles gut verbunden ist. Die Masse sollte zusammenkleben, wenn Sie etwas davon in die Hand nehmen und flach drücken.

Die Mischung in die vorbereitete Form drücken. Mit den Händen oder mit einem Winkel-Palettenmesser die Oberfläche glätten. 1 Std. gefrieren lassen. Die Kokosraspel auf einen tiefen Teller geben.

Die Masse aus der Form nehmen und mit einem Sägemesser quer in zwölf Riegel von 1,5 cm Breite schneiden. Für den Überzug die Schokolade im Wasserbad zerlassen (s. S. 156). Sie benötigen dafür eine breite Schüssel, sodass die Riegel der Länge nach hineinpassen.

Sobald die Schokolade eine Temperatur von 28–30 °C erreicht hat, die Riegel waagrecht hineintauchen, um sie halb mit Schokolade zu überziehen. Überschüssige Schokolade am Schüsselrand abstreifen, dann die Unterseite der Riegel sofort in die Kokosraspel tauchen. Mit der Kokosschicht nach oben auf ein Backblech legen und trocknen lassen.

Die Riegel luftdicht verpackt im Kühlschrank aufbewahren, dort halten sie sich 5 Tage, oder einfrieren. Am besten direkt aus dem Kühlschrank essen. Ich zerkrümle sie auch gern und streue sie auf Joghurt.

TIPPS

Die Riegel schmecken auch ohne den Schokoladenüberzug hervorragend.

Wenn Schokolade übrig bleibt, den Rest auf ein Stück Backpapier gießen und im Kühlschrank fest werden lassen. Anschließend in Stücke brechen und in einem Schraubglas im Kühlschrank aufbewahren.

Tartes und Pies

Blaubeer-Galettes

Für 6 Törtchen

480 g frische oder TK-Blaubeeren,
  angetaut
2 EL Zitronensaft
3½ EL Kokosblütenzucker
  plus einige Prisen zum Bestreuen
15 g (2½ EL) gemahlene Mandeln
15 g (1¾ EL) Mandeln, grob gehackt
1 TL Zimt
¼ TL Himalayasalz
360 g Teig für Tartes (Grundrezept,
  s. S. 30), ca. 3 mm dick ausgerollt

Die Blaubeeren sind die Stars dieser einfachen, aber köstlichen Törtchen. Deshalb empfehle ich, auf beste Qualität zu achten: Kaufen Sie Blaubeeren aus regionalem oder Bio-Anbau. Es lohnt sich, da Früchte aus dem Supermarkt meist nach nichts schmecken. Alternativ können Sie im Frühsommer Süßkirschen verwenden.

Den Backofen auf 170 °C vorheizen. Ein Backblech mit Backpapier belegen.

In einer großen Schüssel Blaubeeren mit Zitronensaft und 2 EL Kokosblütenzucker mischen. 30 Min. Saft ziehen lassen. Gemahlene und gehackte Mandeln mit 1½ EL Kokosblütenzucker, Zimt und Salz vermengen.

Mit einem Ausstecher oder einem kleinen Teller (Ø 13 cm) sechs Teigkreise aus dem Tarteteig ausstechen (jeder sollte ca. 60 g wiegen). Die Teigkreise mit 2,5 cm Abstand voneinander auf das Backblech legen.

Die Mandelmischung jeweils in die Mitte der Teigkreise geben, einen 2 cm breiten Rand lassen. Mit Blaubeeren belegen, den Saft der Früchte beiseitestellen. Den Teig am Rand hochdrücken, als würden Sie kleine Wände bauen. Er kann brechen, es ist also etwas Geduld nötig. Den Teig mit den Fingerspitzen hochklappen, dabei von unten mit einem Messer stützen. Zum Schluss eventuelle Löcher schließen und die Ränder mit dem Messerrücken oder den Fingerspitzen begradigen. Keine Sorge: Der Teig ist glutenfrei, daher kann er nicht überarbeitet werden.

Den Saft auf die Blaubeeren träufeln und sie mit je 1 guten Prise Kokosblütenzucker bestreuen. Die Törtchen 15 Min. im vorgeheizten Ofen backen. Sie sind fertig, wenn sich in der Füllung Blasen bilden und der Teig goldbraun ist.

Die Törtchen auf dem Backblech abkühlen lassen, dann vorsichtig mit einem Spatel auf Teller setzen. Vorsicht: Sie zerbrechen leicht, wenn sie noch zu heiß sind. Am besten schmecken die Blaubeer-Galettes frisch und warm, sie halten sich aber 3 Tage luftdicht verpackt im Kühlschrank.

TIPP

Als Galettes bezeichnet man nicht nur die bretonischen Buchweizenpfannkuchen, sondern auch süße Obsttörtchen, die mit Mürbeteig ohne Backform direkt auf dem Blech gebacken werden.

Sie können auch eine große Galette zubereiten. Die Backzeit verlängert sich auf 30 Min.

Pflaumen-Crostata

Für 12–16 Stücke

Pflaumen-Crostata
Natives Kokosöl für die Form
500 g Teig für Tartes (Grundrezept,
    s. S. 30), ca. 3 mm dick ausgerollt
Hülsenfrüchte zum Blindbacken
Ca. 30 große, feste gelbe oder blaue
    Pflaumen
2 EL Honig

Pflaumenkonfitüre
20 frische oder TK-Pflaumen, (ca. 600 g),
    entsteint
300 g selbst gemachtes Apfelmus
    (s. S. 32)
60 g Kokosblütenzucker

Jeden Sommer bekommen wir nicht genug von den saftigen Pflaumen in unserem Garten. Dieses Rezept ist deshalb der jährlichen Erntefülle gewidmet. Die Crostata, ein italienischer Mürbeteigkuchen, ist einfach zuzubereiten, hübsch anzusehen und süß, säuerlich und frisch zugleich. Ein Bällchen Vanilleeis dazu und Sie sind im kulinarischen Paradies!

Den Backofen auf 170 °C vorheizen. Eine runde, 4 cm tiefe Form (Ø 28 cm) mit Kokosöl fetten. Den Teig hineinlegen und im vorgeheizten Ofen 15 Min. blindbacken (s. S. 31), bis er am Rand goldbraun ist. Backpapier und Hülsenfrüchte entfernen und weitere 10–20 Min. backen. Der Boden sollte dann goldbraun sein, die Ränder etwas dunkler. Zum Abkühlen beiseitestellen.

Für die Pflaumenkonfitüre alle Zutaten in einen mittelgroßen Topf geben und zum Kochen bringen. Bei leicht reduzierter Hitze ca. 5 Min. köcheln, die Früchte mit einem Löffel zerdrücken. Bei geringer Hitze unter gelegentlichem Rühren weiterköcheln, bis eine relativ glatte, dicke Konfitüre entstanden ist. Topf vom Herd nehmen.

Die Pflaumen für den Teig halbieren und entsteinen. Den Teig gleichmäßig mit der Konfitüre bestreichen. Dann die Früchte leicht überlappend mit den Schnittflächen nach oben auf den Teig legen. Dabei am Rand beginnen. Mit 2 EL Honig beträufeln und die Crostata 20 Min. weiterbacken, bis die Früchte weich sind. Die Füllung ist sehr saftig.

Die Crostata schmeckt am besten frisch aus dem Ofen oder zum Frühstück am nächsten Morgen.

TIPPS
Ich liebe die Säure von frischen Pflaumen auf süßer Konfitüre und knusprigem Teig. Wenn Sie es süßer mögen, beträufeln Sie die gebackene Tarte noch zusätzlich mit 2 EL Honig oder reichen Honig dazu.

Veganer können den Honig durch Kokosblütensirup oder ein anderes veganes Süßungsmittel ersetzen.

Rosen-Himbeer-Törtchen mit Pistazien-Mandel-Creme

Für 12 Törtchen

45 g natives Kokosöl plus etwas für die Form
70 g Pistazienkerne
1 EL gemahlene Leinsamen
3 EL gefiltertes Wasser
20 g gemahlene Mandeln
30 g Kokosblütenzucker
¼ TL Himalayasalz
Abrieb von ¼ Bio-Zitrone
10 g rohe Pistazienpaste, nach Belieben
200 g Teig für Tartes (Grundrezept, s. S. 30), 3 mm dick ausgerollt
6 TL schnelle Himbeerkonfitüre (s. S. 32) oder Himbeerkonfitüre / Fruchtaufstrich ohne Zucker
150–200 g frische oder TK-Himbeeren
½–1 EL Rosenwasser zum Bestreichen plus 1½ TL für die Glasur
3 TL ungesüßter Aprikosenaufstrich

Garnitur
Frische Rosenblätter
Pistazienkerne, gehackt

Jedes Jahr kann ich es kaum erwarten, bis die üppigen, saftigen Himbeeren reif sind! Sie bilden den süßen Mittelpunkt dieser himmlischen veganen Häppchen, umgeben von einer weichen Creme mit knusprigen Pistazien auf einem mürben Buchweizen-Pistazien-Teig. Ich glaube, es gibt nichts Besseres!

Den Backofen auf 170 °C vorheizen. Eine Tarteletteform mit zwölf Vertiefungen mit etwas Kokosöl fetten. Ein Backblech mit Backpapier belegen, Pistazien darauf verteilen und 5–7 Min. im Ofen rösten, bis sie etwas Farbe angenommen haben. Abkühlen lassen. Leinsamen mit dem gefilterten Wasser mischen und 15 Min. quellen lassen, bis sich ein Gel bildet. Die abgekühlten Pistazien in der Küchenmaschine nicht zu fein zerkleinern, einige etwas größere Stücke sorgen für zusätzliche Textur.

Für die Creme die zerkleinerten Pistazien mit Mandeln, Kokosblütenzucker, Salz und Zitronenschale mischen. Kokosöl schmelzen, mit der Pistazienpaste (nach Belieben) zu den trockenen Zutaten geben und unter-rühren. Zum Schluss die gequollenen Leinsamen unterarbeiten. Die Creme beiseitestellen.

Mit einem Keksausstecher (Ø 6 cm, kanneliert) zwölf Teigkreise ausstechen und in die Mulden der Form legen. Darauf achten, dass unter dem Teig keine Luftbläschen verbleiben. Die Böden jeweils mit ¼–½ TL Himbeerkonfitüre bestreichen und je 1 EL Creme darauf verteilen. Jedes Törtchen mit zwei bis drei Him-beeren belegen (Menge je nach Größe der Beeren) und die Früchte leicht in die Creme drücken.

Die Törtchen 12–14 Min. im vorgeheizten Ofen backen. Sie sind fertig, wenn die Creme leicht sprudelt und die Teigränder goldbraun sind. 10 Min. abkühlen lassen, dann die noch warmen Törtchen mit einem Teigpinsel mit Rosenwasser bestreichen.

Für die Glasur den Aprikosenaufstrich mit 1½ TL Rosenwasser mischen. Die ganz abgekühlten Törtchen mithilfe eines Teigpinsels damit glasieren. Mit einem kleinen Palettenmesser aus den Mulden lösen. Vor dem Servieren mit Rosenblättern und gehackten Pistazien garnieren. Dazu geschlagene Vanille-Kokossahne reichen (s. S. 27). Luftdicht verpackt bleiben die Törtchen 3 Tage frisch.

TIPPS
Tarteletteförmchen variieren in ihrer Größe, deshalb kann es sein, dass Sie einen größeren oder kleineren Ausstecher benötigen. Bleibt Teig übrig, können Sie ihn einfrieren oder daraus Kekse backen.

Rosenwasser gibt es mit unterschiedlich kräftigem Aroma, nehmen Sie möglichst ein mildes.

Schoko-Nuss-Tarte mit Birnen

Für 8–10 Stücke

Schokoladenteig

45 g natives Kokosöl
  plus etwas für die Form
75 g gemahlene Haselnusskerne
60 g Buchweizenmehl
  plus etwas zum Bestäuben
15 g (3 EL) Kakaopulver
30 g Kokosblütenzucker
10 g (1¼ EL) Pfeilwurzelstärke
¼ TL Himalayasalz
Hülsenfrüchte zum Blindbacken

Schoko-Haselnuss-Creme

3 EL gemahlene Leinsamen
200 g Haselnusskerne
20 g (3 EL) gemahlene Haselnusskerne
  oder gemahlene Mandeln
20 g (4 EL) Kakaopulver
½ TL Himalayasalz
90 g selbst gemachte Schokolade
  (s. S. 156) oder Bitterschokolade
  (85 % Kakao), in erbsengroße Stücke
  gehackt
130 g natives Kokosöl, zerlassen
120 g Honig
30 g (2 EL) Haselnussmus oder
  Mandelmus (s. S. 26)
4 mittelgroße reife, aber feste süße
  Birnen (knapp 1 kg)

Für diesen Kuchen ließ ich mich von zwei Klassikern inspirieren: dem bekannten Dessert Birne Helene und der Tarte Bourdaloue, die aus Mürbeteig, Birne und Mandelcreme besteht. Bei meiner Variante bildet ein schön knuspriger Schokoladenteig die Basis für einen saftigen Belag aus süßen Birnen, eingebettet in eine Schoko-Haselnuss-Creme.

Eine rechteckige Form (33 x 12,5 cm) oder eine runde Tarteform (Ø 23 cm) mit Kokosöl fetten. Ein Backblech mit Backpapier belegen. Für den Teig Kokosöl schmelzen und beiseitestellen. Die übrigen Teigzutaten in einer Schüssel mischen, kräftig rühren, um etwaige Klümpchen aufzulösen. Mit dem zerlassenen Kokosöl vermengen, dann 7 TL Wasser unterrühren.

Ein Stück Backpapier, etwas größer als die Form, mit etwas Buchweizenmehl bestäuben. Den Teig auf das Papier legen und mit den Händen flach drücken. Mit etwas Mehl bestäuben, mit einer weiteren Lage Backpapier belegen und den Teig gleichmäßig 3 mm dick auf die Größe des Backpapiers ausrollen (s. S. 31). Teig 30 Min. in den Kühlschrank legen und inzwischen die Schoko-Haselnuss-Creme zubereiten.

Den Backofen auf 170 °C vorheizen. Die Leinsamen mit 9 EL Wasser mischen und 15 Min. quellen lassen, bis ein Gel entsteht. Ab und zu umrühren. Die Haselnüsse auf das Backblech legen und im vorgeheizten Ofen 5–7 Min. rösten. Die abgekühlten Nüsse in ein Geschirrtuch geben und die Häutchen soweit möglich abrubbeln. In der Küchenmaschine zerkleinern – fein mahlen, aber einige Stücke etwas größer lassen. Die Haselnüsse in einer Schüssel mit den gemahlenen Haselnüssen oder Mandeln, Kakao und Salz mischen. Schokolade zugeben, dann Kokosöl, Honig, Haselnussmus und die gequollenen Leinsamen zufügen und die Zutaten gut vermengen.

Den Boden der Form mit dem Teig auslegen (s. S. 31), dabei kann dieser brechen. Den Teig über den Löchern vorsichtig zusammendrücken und dann in den Kühlschrank stellen. In der Zwischenzeit die Birnen schälen, entkernen und achteln.

Den kalten Teig noch einmal glätten und bis in die Ecken und am Rand hochdrücken. Überschüssigen Teig abschneiden. Ein Stück Backpapier und Hülsenfrüchte darauflegen und 5 Min. blindbacken (s. S. 31), Papier und Hülsenfrüchte wieder entfernen und den Teig weitere 5 Min. backen.

Den vorgebackenen Teig aus dem Ofen nehmen, 5 Min. abkühlen lassen, dann die Creme darauf verteilen und glatt streichen. Die Birnen auf die Creme legen. Die Tarte noch 20–25 Min. backen. 20 Min. in der Form abkühlen lassen, dann herausnehmen. Noch warm mit Vanille-Cashewjoghurt (s. S. 53) und milchfreiem Eis servieren. Am besten schmeckt die Tarte frisch, sie hält sich luftdicht verpackt aber 3 Tage.

TIPPS

Ich mag die Schoko-Haselnuss-Creme gern mit Honig, sie kann aber auch mit einem anderen flüssigen Süßungsmittel, etwa Ahornsirup oder Kokosblütensirup, zubereitet werden.

Nach Belieben die Tarte noch mit einem ungesüßten Aprikosenaufstrich glasieren.

Mandel-Stachelbeer-Tarte

Für 10–12 Stücke

½ Portion Teig für Tartes (Grundrezept,
s. S. 30), ca. 3 mm dick ausgerollt
Hülsenfrüchte zum Blindbacken

Mandelcreme
125 g ganze Mandeln
110 g vegane Margarine oder Butter
(s. S. 11)
80 g Kokosblütenzucker
½ TL grobes Meersalz, gemahlen
Abrieb von ½ Bio-Zitrone
2 Eier plus 1 verquirltes Eigelb
zum Bestreichen
50 g gemahlene Mandeln

Belag
300 g frische oder TK-Stachelbeeren,
Stiele und Blütenansätze entfernt
Etwas Kokosblütenzucker
zum Bestreuen
50 g Mandelblättchen
3 EL Honig, nach Belieben

Ich liebe Stachelbeeren! Im Sommer gehe ich oft nach dem Abendessen noch in den Garten, um ein paar besonders weiche und dicke Früchte direkt vom Strauch zu essen. Ihr säuerliches Aroma harmoniert in diesem Rezept bestens mit der süßen Mandelcreme. Der Grundteig für Tartes beweist hier wieder einmal seine Vielseitigkeit.

Den Backofen auf 170 °C vorheizen. Eine Tarteform (Ø 23 cm) mit herausnehmbarem Boden mit dem Teig auslegen, einen Rand formen. Ein Stück Backpapier und Hülsenfrüchte darauflegen und 10–15 Min. im vorgeheizten Ofen blindbacken (s. S. 31), bis der Rand goldgelb ist. Hülsenfrüchte und Backpapier entfernen und den Boden weitere 10 Min. backen, bis er leicht gebräunt ist.

Für die Creme ein Backblech mit Backpapier belegen, die Mandeln darauflegen und 6–8 Min. rösten, bis sie leicht Farbe bekommen haben. Abkühlen lassen. Butter und Kokosblütenzucker mit Salz und Zitronen-schale blass-schaumig aufschlagen. Die Eier einzeln unterrühren. In einer Küchenmaschine die gerösteten Mandeln zerkleinern, aber nicht zu fein, sie sollen noch ein wenig Textur liefern. Zusammen mit den gemahlenen Mandeln zur Butter-Eier-Mischung geben und die Zutaten zu einer Masse verrühren. Das Ganze mag etwas inhomogen aussehen, aber keine Sorge, die Creme lässt sich gut backen.

Den Teigboden etwas abkühlen lassen, dann mit dem Eigelb bestreichen und weitere 2 Min. backen. Dadurch wird der Boden versiegelt und bleibt knusprig, der Belag kann nicht einsickern. Aus dem Ofen nehmen und 10 Min. abkühlen lassen.

Die Mandelcreme auf dem Boden verteilen, dann die Stachelbeeren darauflegen und leicht hineindrücken. Mit Kokosblütenzucker und Mandelblättchen be-streuen. 30 Min. backen. Zum Schluss sollten die Tarte goldgelb und die Stachelbeeren am Rand leicht gebräunt sein. Die Tarte noch warm servieren oder abkühlen lassen. Nach Wunsch mit Honig beträufeln oder den Honig extra dazu reichen.

Dazu passen geschlagene Vanille-Kokossahne (s. S. 27), Naturjoghurt oder Eiscreme. Die Tarte schmeckt am besten frisch, hält sich jedoch luftdicht verpackt 3 Tage im Kühlschrank.

TIPPS
Soll die Tarte vegan sein, die Creme zubereiten wie im Rezept „Rosen-Himbeer-Törtchen mit Pistazien-Mandel-Creme" (s. S. 118), die Pistazien jedoch durch Mandeln ersetzen und statt Pistazienpaste Mandelmus verwenden. Die dort angegebenen Mengen müssen verdoppelt werden.

Diese Tarte schmeckt auch mit TK-Stachelbeeren sehr gut, kann also ganzjährig gebacken werden. Sie können aber auch je nach Saison Birnen, Himbeeren oder Aprikosen nehmen.

Sesam-Pekan-Tartes mit Wurzelgemüse

Für 6 Tartes

Geröstetes Wurzelgemüse

4 große Möhren (ca. 600 g)
4 Rote Beten (ca. 550 g)
2 Zwiebeln
2 große Knoblauchzehen, fein gehackt
3 EL natives Rapsöl oder natives
   Kokosöl, zerlassen
Grobes Meersalz und schwarzer Pfeffer
1 großes Bund frische Kräuter, z. B.
   Koriander und Petersilie, fein gehackt
Etwas natives Olivenöl, nach Belieben

Sesam-Pekan-Teig

65 ml natives Rapsöl
   plus etwas für die Förmchen
170 g gemahlene Pekannüsse
105 g gemahlene Mandeln
Je ½ TL Koriander, Kreuzkümmel,
   Kurkuma, Ingwer und Kardamom,
   gemahlen
1½ TL grobes Meersalz
2 EL gefiltertes Wasser
85 g schwarze und weiße Sesamsamen

Cashewbéchamel

25 g natives Kokosöl
40 g Kichererbsenmehl
1 TL Dijonsenf
450 ml Cashewmilch (s. S. 28)
3 TL Hefeflocken
Grobes Meersalz und schwarzer Pfeffer
   zum Abschmecken

In diesen außergewöhnlichen, herzhaften Tartes schlummern viele Aromen. Ein würziger Boden mit Sesamsamen und gerösteten Pekannüssen wird von einer leichten, cremigen Cashewbéchamel bedeckt, gekrönt von einem üppigen Mix aus süßen Möhren und erdigen Roten Beten. Die Tartes sind getreidefrei, vegan und perfekt für ein leichtes Mittag- oder Abendessen.

Den Backofen auf 175 °C vorheizen. Sechs runde Tartelletteförmchen (Ø 10 cm) fetten.

Möhren schälen und quer in 3 cm lange Stücke schneiden, dann längs vierteln. Rote Beten schrubben, vierteln und in etwa genauso große Stücke wie die Möhren schneiden. Zwiebeln schälen, vierteln und in Scheiben schneiden. Möhren, Rote Beten und Zwiebeln auf ein Backblech legen und mit Knoblauch, Öl und einer guten Prise Salz und Pfeffer mischen. 1 Std. im vorgeheizten Ofen rösten, nach der Hälfte der Zeit Gemüse ggf. wenden. Wenn das Gemüse weich ist, abschmecken und beiseitestellen. Den Ofen eingeschaltet lassen.

In der Zwischenzeit für den Teig Pekannüsse, Mandeln, Gewürze, Salz, Öl und Wasser in eine Küchenmaschine geben und mixen. Sesamsamen zufügen und vermengen, bis das Ganze die Konsistenz von Semmelbröseln hat und zusammenklebt, wenn man davon etwas in die Hand nimmt. Den Teig mit den Fingerspitzen und mithilfe eines Winkel-Palettenmessers in die Förmchen drücken (Sie benötigen ca. 70 g pro Tarte), darauf achten, dass der Teig überall gleich dick ist. Formen auf ein Backblech stellen und 15–20 Min. im vorgeheizten Ofen backen, bis der Teig eine dunkle goldgelbe Farbe hat. Abkühlen lassen.

Für die Béchamel Kokosöl in einem kleinen Topf zerlassen. Kichererbsenmehl kräftig einrühren, dann den Senf unterrühren. Nach und nach die Cashewmilch zugießen, dabei die ganze Zeit kräftig mit dem Schneebesen rühren, bis die Sauce eine glatte und dickliche Konsistenz hat. Mit Hefeflocken, Salz und Pfeffer abschmecken. Umrühren und noch einmal abschmecken. Die Sauce können Sie schon im Voraus zubereiten, sie wird jedoch während des Abkühlens dicker. Bevor Sie die Tartes damit füllen, sollte sie noch einmal erwärmt und ggf. weitere Cashewmilch zum Verdünnen zugegeben werden.

Das Gemüse mit gehackten Kräutern mischen und ggf. mit einigen Tropfen Olivenöl verfeinern. Die Tartes mit der Béchamel füllen, dann das Gemüse darauflegen und leicht in die Sauce drücken. Dazu einen Salat oder gedämpftes grünes Gemüse servieren.

Die Tartes schmecken warm oder kalt gleichermaßen gut. Sie halten sich luftdicht verpackt 3 Tage im Kühlschrank.

TIPP

Für eine große Tarte eine Form (Ø 27–28 cm) mit der oben angegebenen Teigmenge auslegen. 30–40 Min. backen, dann wie oben beschrieben füllen.

Tomaten-Paprika-Pissaladière

**Für 4 Portionen (Hauptgericht) oder
6–8 Portionen (Vorspeise)**

Tomaten-Paprika-Füllung

Je 1 rote, gelbe und orangefarbene
  Paprika
2 EL natives Rapsöl
2 Zwiebeln, fein gehackt
1 große Knoblauchzehe, fein gehackt
1 Dose gehackte Tomaten (à 400 g)
1 kleine Prise Chiliflocken oder mehr
1 Prise gutes Meersalz
Frisch gemahlener schwarzer Pfeffer
¼ TL Kokosblütenzucker, nach Belieben
1 EL Oregano, gehackt,
  plus etwas für die Garnitur
1 EL Thymian, gehackt,
  plus etwas für die Garnitur
1 kleine Handvoll grünes oder lila
  Basilikum plus etwas für die Garnitur
12–15 schwarze griechische Oliven
Sardellen, nach Belieben
Natives Olivenöl, nach Belieben

Haselnussteig

50 g natives Kokosöl
  plus etwas für die Form
45 g Haselnusskerne
95 g Buchweizenmehl
45 g gemahlene Haselnusskerne oder
  gemahlene Mandeln zum Binden
12,5 g (1½ EL) Pfeilwurzelstärke
1 TL grobes Meersalz, fein gemahlen
3 EL kaltes gefiltertes Wasser
Hülsenfrüchte zum Blindbacken

Ideal für ein Picknick: meine leichte, vegetarische Sommerversion der klassischen Tarte Provençale, die mit karamellisierten Zwiebeln, schwarzen Oliven und Sardellen zubereitet wird. Ich habe Zwiebeln, Tomaten, Kräuter und Paprika für einen kräftigen Farbakzent genommen. Wenn die Pissaladière nicht vegan sein soll, können Sie noch Sardellen zufügen. Das Rezept ist eine Hommage an Robert, einen alten Freund unserer Familie.

Zuerst die Füllung zubereiten. Den Backofen auf 200 °C vorheizen und ein Backblech mit Backpapier belegen. Die Paprika darauflegen und im vorgeheizten Ofen auf oberer Einschubleiste backen. Alle 5 Min. wenden, bis die Haut rundherum schwarze Stellen bekommen hat und Blasen wirft. Das Ganze funktioniert auch unter dem vorgeheizten Backofengrill.

Paprika herausnehmen und vorsichtig in Frischhaltefolie einwickeln. Durch die Kondensationsflüssigkeit lassen sie sich anschließend gut schälen. Die Schoten abkühlen lassen, enthäuten, von Samen und Scheidewänden befreien, in breite Streifen schneiden, gründlich abspülen und trocken tupfen. Die Temperatur auf 170 °C reduzieren.

Öl in einem Topf erhitzen. Zwiebeln und Knoblauch bei geringer Hitze 10 Min. darin andünsten. Tomaten zufügen und weitere 5 Min. mitdünsten. Chili zugeben, nach Belieben mit Salz, Pfeffer und Zucker (das unterstreicht das süße Tomatenaroma) abschmecken. 5 Min. weiterköcheln, bis die Sauce dicklich ist und der größte Teil des Tomatensaftes verkocht ist. Ist die Sauce zu flüssig, weicht der Teigboden durch. Topf vom Herd nehmen und das Ganze zum Abkühlen beiseitestellen. Anschließend die gehackten Kräuter unterrühren.

Eine Tarteform (Ø 23 cm) mit Kokosöl fetten. Ein Backblech mit Backpapier belegen. Die Haselnusskerne auf das Backblech legen und 5 Min. im vorgeheizten Ofen rösten. Nüsse abkühlen lassen, in ein Geschirrtuch geben, die Häute soweit möglich abrubbeln. In einer Küchenmaschine sehr fein zerkleinern, sie sollten aber noch etwas Textur haben. Das Mehl mit gemahlenen Nüssen und ggf. Mandeln, Pfeilwurzelstärke und Salz mischen. Kokosöl zerlassen und mit den trockenen Zutaten vermengen. Wasser gut unterrühren, ggf. mehr Wasser zum Binden zugeben.

Den Teig zwischen zwei Lagen Backpapier etwas größer als die Form ausrollen, diese damit auslegen und 10 Min. im vorgeheizten Ofen blindbacken (s. S. 31). Hülsenfrüchte und Backpapier entfernen und weitere 10 Min. backen, bis der Teig eine goldgelbe Farbe hat. Abkühlen lassen und mit der Tomatensauce füllen. Paprikastreifen, Oliven und nach Belieben Sardellen darauf anrichten. Mit Oregano, Thymian und Basilikum bestreuen. Nach Wunsch mit etwas Olivenöl beträufeln. Am besten frisch essen, die Tarte hält sich aber luftdicht verpackt 3 Tage im Kühlschrank.

Quitten-Pies

Für 24 Pies

2–3 Quitten (600 g)
1 EL natives Kokosöl, zerlassen
1 Rezeptmenge Teig für Tartes
(Grundrezept, s. S. 30), 3 mm dick
ausgerollt
50 g getrocknete Aprikosen
100 g Datteln
100 g Rosinen
100 g Korinthen
100 g Sultaninen
25 g (3 EL) Mandeln, möglichst
8–12 Std. eingeweicht, grob gehackt
15 g Ingwer, fein gehackt
¼ ganze Muskatnuss, gerieben
½ TL Mixed Spice
¼ TL gemahlene Nelken
¼ TL Zimt
Abrieb und Saft von ½ großen Bio-
Orange
Abrieb und Saft von ½ großen Bio-
Zitrone
50 g selbst gemachtes Apfelmus
(s. S. 32)
¼ TL grobes Meersalz
1 EL Honig oder Ahornsirup
50 g Kokosfett

Weihnachten wäre bei mir nicht Weihnachten ohne die traditionellen Mince Pies mit vielen Trockenfrüchten, Gewürzen und Zitrusaromen. Nach einer guten Quittenernte probierte ich das Rezept mit Quitten anstelle der üblichen geriebenen Äpfel. Das Ergebnis war überaus köstlich, süß und säuerlich zugleich. Frischer Ingwer unterstreicht die Aromen.

Den Backofen auf 160 °C vorheizen und zwei Tartelletteförmchen mit je zwölf Mulden bereitstellen.

Quitten schälen, entkernen und in Achtel schneiden. Sie benötigen insgesamt 400 g Quittenfruchtfleisch. Quittenachtel auf ein Backblech legen, mit dem Kokosöl beträufeln und 30–40 Min. backen bzw. so lange, bis sie weich sind. Dann beiseitestellen und abkühlen lassen. Die Temperatur auf 170 °C erhöhen.

Aus dem Teig mit einem Ausstecher 24 so große Kreise ausstechen, dass sie in die Vertiefungen passen. Den Teig leicht in die Mulden drücken. Ich verwende einen Ausstecher mit gewelltem Rand (Ø 6 cm). Anschließend 24 Deckel ausstechen (entweder rund oder in Form von Sternen, Herzen oder Ilex), alles auf ein mit Backpapier belegtes Backblech legen und in den Kühlschrank stellen.

In einer Küchenmaschine Aprikosen und Datteln klein hacken. Die Hälfte der Rosinen, Korinthen und Sultaninen zugeben und das Ganze noch einmal zerkleinern. Die Masse sollte zum Schluss in ihrer Konsistenz Hackfleisch, nicht einer Paste ähneln. Die Quitten zufügen und zerkleinern, bis eine Pulpe mit etwas Textur entsteht.

Die Masse in eine große Schüssel geben, restliche Rosinen, Korinthen, Sultaninen, gehackte Mandeln, Ingwer, Gewürze, Orangen- und Zitronenschale und -saft, Apfelmus, Salz und Honig oder Ahornsirup zufügen. Kokosfett dazureiben oder fein hacken. Das Ganze mit den Händen mischen, bis alle Zutaten sehr gut miteinander verbunden und alle Kokosfettklümpchen aufgelöst sind.

Die Tartellettevertiefungen gut mit der Fruchtmasse füllen (es bleibt ein Rest übrig), dann die Deckel darauflegen. Kreisförmige Deckel in der Mitte kreuzweise einschneiden. Die Pies 10–12 Min. im vorgeheizten Ofen backen. Sie sollten eine goldgelbe Farbe haben. Direkt aus dem Ofen servieren oder abkühlen lassen und vor dem Servieren aufwärmen.

Die Pies halten sich luftdicht verpackt mind. 5 Tage. Die Füllmasse kann man in einem verschlossenen Glas im Kühlschrank 10 Tage aufbewahren, sie eignet sich auch gut zum Einfrieren. Ich bereite sie im Oktober, wenn die Quitten reif sind, immer auf Vorrat zu.

TIPP
Die Teigmenge reicht für 24 Pies, die Füllmasse für insgesamt ca. 40. Nach Belieben mehr Teig und weitere Pies zubereiten und diese einfrieren. So sind Sie immer gut vorbereitet, wenn unverhofft Gäste kommen. Bleibt Teig übrig, frieren Sie ihn ein oder backen Kekse daraus.

Apple Pies mit Ahornsirup

Für 12 kleine Pies

Natives Kokosöl für die Förmchen
1 Rezeptmenge Teig für Tartes
   (Grundrezept, s. S. 30), ca. 3 mm dick
   ausgerollt
400 g Äpfel, geschält und entkernt
Abrieb von ½ Bio-Zitrone
40 ml Zitronensaft
1 Prise Himalayasalz
1 TL Zimt
460 g selbst gemachtes Apfelmus
   (s. S. 32)
120 g Ahornsirup

Äpfel, Ahornsirup und Zimt sind eine klassische Geschmacksverbindung, die allen schmeckt. Verwenden Sie möglichst hochwertige Äpfel aus der Region, sie bilden das Herzstück der Pies und sollten sehr aromatisch sein. Nehmen Sie für dieses Rezept Ihre Lieblingssorte.

Den Backofen auf 170 °C vorheizen und eine 12er-Muffinform mit Kokosöl fetten.

Mit einem runden, gewellten Ausstecher (Ø 10 cm) zwölf Teigkreise ausstechen und vorsichtig in die Mulden der Form legen. Der Teig bricht leicht auseinander, mit den Fingern wieder zusammendrücken und etwaige Lücken füllen. Mit den Fingern glätten. Überhängenden Teig vorsichtig abschneiden. Zwölf Deckel (Ø 9 cm) ausschneiden. Das Ganze auf ein mit Backpapier belegtes Blech legen und in den Kühlschrank stellen. Restlichen Teig einfrieren (hält sich 1 Monat).

Die Äpfel in 5 mm große Würfel schneiden. Apfelwürfel mit Zitronenschale und -saft, Salz, Zimt und Apfelmus vermengen. Ahornsirup unterrühren (nach Belieben weniger verwenden). Die Mischung in die Vertiefungen der Form verteilen und die Mulden füllen. Sie benötigen für jede Pie ca. 80 g Füllung. Die Deckel auf die Füllung legen, leicht andrücken und kreuzweise in der Mitte einschneiden. Die Pies 15 Min. im vorgeheizten Ofen backen. Der Teig sollte dann eine goldgelbe Farbe und die Deckel leichte Risse haben. In der Form abkühlen lassen.

Mit einem Messer einmal am Rand der Form entlangfahren, dann die Pies vorsichtig herausnehmen. Sind sie zu warm, wenn sie herausgenommen werden, zerbricht der Teig leicht, deshalb auf jeden Fall genug abkühlen lassen. Kalt oder lauwarm mit Vanilleeis oder geschlagener Kokossahne (s. S. 27) servieren. Ganz abgekühlte Pies nach Belieben vor dem Servieren 5 Min. wieder im Ofen erwärmen.

Sie schmecken am besten frisch, luftdicht verpackt halten sie sich aber 3 Tage.

VARIATION
Sie können auch eine große Pie backen. Bereiten Sie das Grundrezept für den Teig zu und folgen Sie dem Rezept „Feigen-Himbeer-Pie" auf S. 132, ersetzen dabei die Füllung durch die Apfelfüllung in diesem Rezept.

Feigen-Himbeer-Pie und Crème Anglaise mit Pistazien

Der getreidefreie Teig verdankt seine perfekte Süße den Aromen von Kastanienmehl und gemahlenen Mandeln. Durch das Backen bekommt er eine marzipanähnliche Kruste. Darunter schlummern wunderbar weiche Feigen und saftige Himbeeren – verwenden Sie vollreife, erntefrische Produkte, es lohnt sich.

Für 6–8 Stücke

Kastanien-Mandel-Teig

75 g natives Kokosöl
  plus etwas für die Form
120 g Kastanienmehl
  plus etwas zum Ausrollen
120 g gemahlene Mandeln
45 g Kokosblütenzucker
Abrieb von ½ Bio-Zitrone
½ TL grobes Meersalz, fein gemahlen
1 Ei plus 1 Eigelb und 1 Eiweiß zum
  Bestreichen
3 TL kaltes,gefiltertes Wasser

Feigen-Himbeer-Füllung

8 Feigen (ca. 350 g), Stängelansätze
  entfernt, in Sechstel geschnitten
250 g frische oder TK-Himbeeren
30 g Honig
3 TL Zitronensaft
Mark von ¼ Vanilleschote

Glasur

1 Eigelb
1 EL Mandelmilch (s. S. 28)
1 Prise Himalayasalz

Crème Anglaise

2 Eigelb
1½ TL Maisstärke
350 ml Pistazienmilch (s. S. 28), die
  Pistazien vor der Zubereitung der
  Milch schälen, damit die Creme eine
  grünliche Farbe bekommt
Mark von ½ Vanilleschote plus Schote
55 g Honig

Eine Pieform (21 x 15 x 5 cm) mit Kokosöl fetten und den Backofen auf 170 °C vorheizen. Sie können den Teig von Hand mit einem Spatel oder in einem Mixer verarbeiten. Kastanienmehl, Mandeln, Zucker, Zitronenschale und Salz in eine Schüssel geben und vermengen. In einer weiteren Schüssel Ei, Eigelb und Wasser verquirlen. Kokosöl zerlassen und unter Rühren zu den trockenen Zutaten geben, dann die Eimischung unterarbeiten. So lange rühren, bis die Zutaten eine homogene Masse bilden. Sie ist etwas klebrig, aber das ist in Ordnung.

250 g Teig abwiegen. Zwei Stücke Backpapier bemehlen und den Teig dazwischen 3 mm dick etwas größer als die Form ausrollen (s. S. 31). Das obere Stück Backpapier abnehmen und den Teig in die Pieform legen. Dabei entstehende Risse mit den Fingern wieder zusammendrücken und etwaige kleine Löcher füllen. Der Teig ist sehr weich, Sie müssen schnell arbeiten. Überhängenden Teig abschneiden. Den Pieboden 10 Min. im vorgeheizten Backofen goldbraun backen. Am Rand ist er etwas dunkler, das soll so sein. Etwas abkühlen lassen. Mit dem beiseitegestellten Eiweiß bestreichen und weitere 5 Min. backen. Den restlichen Teig auf die gleiche Weise auf die Größe der Pieform ausrollen und kalt stellen.

In einer großen Schüssel die Zutaten für die Füllung mischen und auf den gebackenen Boden geben. Den kalt gestellten Teig darauflegen und am Rand mit Daumen und Zeigefinger festdrücken. Die Zutaten für die Glasur verrühren und den Teigdeckel damit bestreichen. In der Mitte kreuzweise einschneiden und die Pie 15–20 Min. goldbraun backen.

In der Zwischenzeit die Crème Anglaise zubereiten. Mit einem Schneebesen Eigelbe und Maismehl in einer großen Schüssel verrühren. In einem Topf Pistazienmilch, Vanillemark, Vanilleschote und Honig erwärmen. Kurz bevor das Ganze kocht, nach und nach die Milch zur Eigelb-Maismehl-Mischung gießen, dabei ständig rühren. Alles wieder in den Topf zurückgießen und bei geringer Hitze unter Rühren erwärmen. Ist die Temperatur zu hoch, gerinnen die Eigelbe. So lange rühren, bis die Creme 82 °C heiß ist. Wer kein Thermometer besitzt, macht folgenden Test: Die Creme muss so dick sein, dass man einen Löffelrücken damit überziehen kann. Wenn man dann einen Finger hineindrückt, muss ein Abdruck bleiben. Die Creme durch ein feines Sieb in einen Krug drücken. Sie muss nicht heiß serviert werden. Einfach beiseitestellen und vor dem Servieren einmal umrühren. Abschmecken und ggf. süßen. Mit der warmen Pie servieren. Beides schmeckt am besten am Tag der Zubereitung.

TIPP

Ich mache die Pie manchmal auch nur mit Himbeeren … lecker! Auch mit Pflaumen, Brombeeren, Äpfeln und Birnen schmeckt sie gut – wichtig ist nur, dass die Früchte aromatisch sind.

Tarte mit Kabochakürbis

Noch besser als andere Kürbistartes! Das cremige Kürbispüree bildet die Basis für die üppige, herrlich gewürzte Füllung. Ich habe die Sorte Kabocha verwendet, weil ich ihr volles Kastanienaroma und ihre wunderbar leuchtende Farbe liebe.

Für 8–10 Portionen

Kabochapüree (750 g)

1,1 kg Kabochakürbis
   (Fruchtfleischgewicht ca. 850 g)
1 EL natives Kokosöl, zerlassen

Teig

Natives Kokosöl für die Form
320 g Teig für Tartes (Grundrezept,
   s. S. 30), ca. 3 mm dick ausgerollt
1 Eigelb, verquirlt
Hülsenfrüchte zum Blindbacken

Füllung

90 g Kokosblütenzucker
¼ TL Himalayasalz
1 TL Zimt
½ TL Ingwerpulver
½ TL gemahlene Nelken
1 gute Prise frisch geriebene Muskatnuss
450 g Kabochapüree (s. o.)
225 ml Cashewmilch (s. S. 28)
75 g selbst gemachtes Apfelmus
   (s. S. 32)
2 Eier

Den Backofen auf 170 °C vorheizen. Kürbis schälen, entkernen und in 2,5 cm große Würfel schneiden. Auf ein Backblech legen, mit Kokosöl beträufeln und ca. 20–30 Min. backen, bis das Kürbisfleisch weich ist. Abkühlen lassen – das Gewicht beträgt ca. 620 g.

Kürbis mit 150 ml Wasser glatt pürieren. Das dauert ein wenig. Ggf. etwas mehr Wasser zugeben, aber nicht zu viel. 450 g für das Rezept abwiegen.

Eine 4 cm tiefe Form (Ø 22 cm) mit Kokosöl fetten. Den Teig hineinlegen (s. S. 31). 20 Min. kalt stellen, dann 15 Min. im vorgeheizten Ofen blindbacken (s. S. 31). Hülsenfrüchte und Backpapier entfernen und weitere 10–15 Min. in den Ofen geben, bis der Teig goldgelb ist. Den Teig mit Eigelb bestreichen und weitere 3 Min. backen, bis dieses trocken ist. Das versiegelt den Boden, die Füllung kann ihn nicht aufweichen. Die Temperatur auf 160 °C reduzieren.

Alle Zutaten für die Füllung in einer großen Schüssel verrühren und anschließend mit dem Stabmixer fein pürieren. Das Püree ist sehr dick, aber das soll so sein. Das Ganze auf dem Teigboden verstreichen und die Tarte 20 Min. backen, Temperatur auf 150 °C reduzieren und weitere 10–20 Min. backen. Die Tarte ist fertig, wenn sich an der Oberfläche eine dünne Haut gebildet hat. Wenn Sie die Form leicht schütteln, sollte die Füllung einen festen Eindruck machen, aber noch etwas wackeln. Vor dem Servieren vollständig abkühlen lassen.

Dazu geschlagene Kokossahne reichen (s. S. 27). Die Tarte schmeckt am besten frisch, hält sich aber 3 Tage im Kühlschrank.

TIPP

Das übrige Kürbispüree können Sie einfrieren. Es kann z. B. für die Kürbistorte (s. S. 42) verwendet werden.

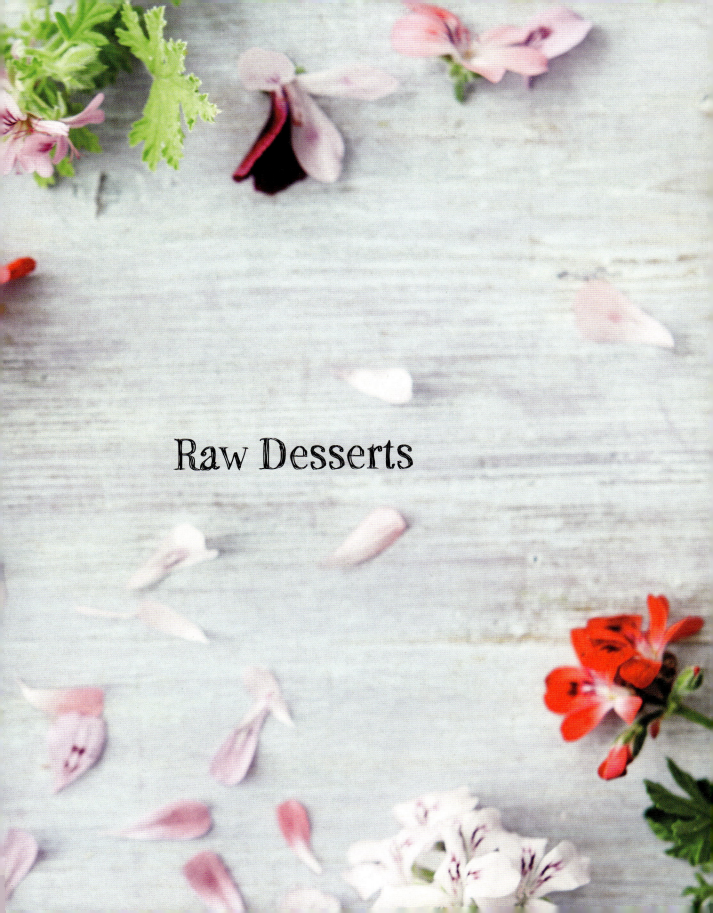

Raw Desserts

Mango-Kokos-Creme mit Limette und Chia-Samen

**Für 4 Dessert- oder
2 Frühstücksportionen**

4 EL Chia-Samen
2 EL gemahlene Leinsamen
180 ml Kokosmilch (Dose)
  plus etwas zum Beträufeln
50 ml Limettensaft
250 g Mangofruchtfleisch
  plus etwas gewürfeltes Fruchtfleisch
  zum Servieren
10 mittelgroße Minzeblätter
1 Prise Himalayasalz
1 gute Prise gemahlener Kardamom
1 TL Baobabpulver, nach Belieben
50 g Eiswürfel

Topping
Kokosjoghurt, nach Belieben
Blütenpollen, nach Belieben
Goji-Beeren, nach Belieben, 10 Min. in
  warmem Wasser eingeweicht
Frische Minzeblätter, nach Belieben
Frische oder getrocknete Kokosraspel,
  nach Belieben

Eine gesunde Köstlichkeit mit reichlich Proteinen und Omega-3-Fettsäuren. Mit Chia-Samen starten Sie gut in den Tag, auch wenn deren Textur nicht jedermanns Sache ist. Ich habe sie daher im Mixer mit Mango, Minze und Kokosmilch zu einer köstlichen glatten Creme verrührt, die frisch schmeckt und herrlich duftet.

Chia-Samen und Leinsamen mit der Kokosmilch mischen. Umrühren und mind. 15 Min. quellen lassen, oder schon am Abend zuvor quellen lassen und über Nacht in den Kühlschrank stellen.

Die gequollenen Samen mit den restlichen Zutaten (außer den Eiswürfeln) in einen Mixer geben und glatt pürieren. Dann Eiswürfel zufügen und noch einmal mixen, bis eine ganz glatte Masse entstanden ist. In Gläser füllen und dabei Mangowürfel mit einschichten. Nach Wunsch ein Topping darauf verteilen, mit etwas Kokosmilch beträufeln und sofort servieren.

Im Kühlschrank hält sich die Creme in Schraubdeckelgläsern 3 Tage, Sie können am Anfang der Woche gleich mehr davon auf Vorrat zubereiten. Essen Sie die Creme pur zum Frühstück, oder geben Sie selbst gemachtes Müsli, Samen, Nüsse und frisches Obst dazu.

VARIATION

Avocadocreme-Dessert mit Chia-Samen
Dafür die Rezeptmenge für die Avovado-Limetten-Creme von S. 36 halbieren und 6 EL Chia-Samen unterrühren. Mind. 15 Min. bei Zimmertemperatur oder über Nacht im Kühlschrank quellen lassen. Vor dem Servieren mit Kokosmilch verdünnen. Als Dessert oder zum Frühstück servieren.

TIPPS

Anstelle von Mango können Sie auch Papaya, Kiwi, Beeren, Kirschen oder anderes Steinobst verwenden.

Baobabpulver wird aus den gemahlenen Samen der Baobabfrucht gewonnen, die ein kräftiges Orangen- und Grapefruitaroma besitzt. Das Pulver enthält viele Nährstoffe, u. a. Ballaststoffe, Vitamin C, Kalzium, Kalium und Thiamin. Zudem verfügt Baobab wie kaum eine andere Frucht über sehr viele Antioxidantien. Ich gebe das Pulver gern in rohe Desserts und Smoothies.

Reichlich Antioxidantien liefern auch die süß-säuerlichen Goji-Beeren. Ich liebe sie im Cashewjoghurt (s. S. 72), zudem lassen sie sich auf Müslis, Salate, Kuchen, Muffins und selbst gemachte Schokolade streuen. Genauso gern verwende ich Inkabeeren, auch bekannt unter dem Namen Aztekenbeeren, die u. a. viele B-Vitamine, Vitamin A und C bereitstellen, und weiße Maulbeeren, die Eisen, Kalzium, Ballaststoffe und Anthozyane enthalten. Inkabeeren sind die säuerlichsten dieser Beeren, haben aber auch eine süßliche Note, weiße Maulbeeren schmecken sehr süß mit Anklängen an Traubenaroma. Probieren Sie die „Wunderbeeren" auch als Topping für selbst gemachte Schokotafeln (s. S. 156).

Tiramisu-Mousse

Für 4 Portionen

Vanillecreme
800 ml Kokosmilch (Dose)
50 g heller Kokosblütensirup oder
  klarer Honig
Mark von ½ Vanilleschote

Kaffeemousse
1½ EL Kaffeepulver
1 große Avocado (150 g Fruchtfleisch),
  geschält und entkernt
70 g Ahornsirup
1 TL Kakaopulver
1 TL Carobpulver
1 Prise Himalayasalz
1 TL Vanilleextrakt
20 g natives Kokosöl, zerlassen

Garnitur
Einige Würfel selbst gemachte
  Schokolade (s. S. 156) oder einige
  Stücke Bitterschokolade (85 % Kakao),
  gerieben

Ein Tiramisu mit Kokosmilch, Kokosöl und Avocado kann das funktionieren? Ja! Diese fantastischen milchfreien Zutaten ergeben eine samtige und leichte Mousse. Das Ergebnis ist eine wölkchenleichte Creme, die nach Kaffee und Vanille schmeckt.

Am Abend zuvor für die Vanillecreme die beiden Dosen Kokosmilch in den Kühlschrank stellen.

Die Dosen öffnen und den dickeren Teil der Milch entfernen. Sie benötigen 450 g dicke Kokossahne für die Creme. Bis zur Verwendung wieder in den Kühlschrank stellen. Die dünne Kokosmilch benötigen Sie für die Kaffeecreme. Vier Dessertschälchen bereitstellen.

Für die Kaffeecreme Kaffeepulver und 150 ml kochendes Wasser verrühren und beiseitestellen. 150 ml Kokosmilch abmessen und in einen Mixer geben. Den Rest der Zutaten, außer Kaffee und Kokosöl, zufügen und glatt vermengen. Kokosöl zugeben. Kaffee durch ein feines Sieb abgießen und 60 ml ebenfalls in den Mixer geben. Die Zutaten zu einer glatten Creme verarbeiten. Jeweils 55 g von der Creme in ein Schälchen füllen und in den Kühlschrank stellen.

Für die Vanillecreme die Kokossahne glatt aufschlagen – am besten im Mixer oder mit den Schneebesen des Handrührgeräts. Kokosblütensirup oder Honig und Vanillemark unterrühren. Die Dessertschälchen wieder aus dem Kühlschrank nehmen und jeweils 40 g Vanillecreme auf die Kaffeemousse geben. Die restliche Kaffeemousse auf der Vanillecreme verteilen. Dann die restliche Vanillecreme obenauf verteilen. Die Schichten sind sehr weich, daher vorsichtig einfüllen. Sofort servieren oder bis zum Verzehr kalt stellen. Mit geriebener Schokolade bestreuen.

Samtige Schokoladentöpfchen

Für 6 Portionen

1 große Avocado (160 g Fruchtfleisch),
  geschält und entkernt
200 g Schoko-Kokos-Joghurt
100 g Dattelsirup
15 g Kakaopulver plus etwas zum
  Bestäuben
½ TL Vanilleextrakt
1 Prise Himalayasalz
60 g natives Kokosöl, zerlassen

Da viele Schokodesserts eher schwer und sehr süß sind, habe ich eines mit Kokosjoghurt entwickelt. Er bringt Frische ins Spiel, ohne dass das Kokosaroma heraussticht, die Avocado sorgt für Substanz. Zusammen ergeben sie eine leichte und cremige Mousse – einfach unschlagbar!

Sie benötigen sechs kleine Souffléförmchen oder Tassen. Alle Zutaten mit Ausnahme des Kokosöls im Mixer vermengen. Kokosöl zugeben und auf hoher Stufe alles zu einer glatten Creme verarbeiten. Die Creme in die Förmchen oder Tassen füllen und in den Kühlschrank stellen. Vor dem Servieren die Desserts mit Kakaopulver bestäuben.

Steht das Dessert länger im Kühlschrank, 1 Std. vor dem Servieren herausnehmen. Es hält sich 3 Tage im Kühlschrank (abhängig von der Frische des Joghurts und der Avocado).

Nächste Seite Schokoladentöpfchen und Schoko-Trüffel-Brownies (s. S. 103).

Tarte mit Sommerfrüchten

Für 10–14 Stücke

Tarteboden
Etwas natives Kokosöl für die Form
180 g Feigen
300 ml gefiltertes Wasser
140 g Mandeln
140 g Cashewkerne
Mark von ½ Vanilleschote
½ TL Himalayasalz
Abrieb von ½ Bio-Orange
40 ml Orangenaft
70 g gemahlene Mandeln
1 Rezeptmenge Schneller Himbeer-
   Chia-Aufstrich (s. S. 32)

Vanillecreme
1 Rezeptmenge Cashewsahne (s. S. 27)
Mark von 1 Vanilleschote
40 g heller Kokosblütensirup
2 TL Zitronensaft
40 g natives Kokosöl

Belag
Ca. 1 kg frische Sommerfrüchte
   (s. Tipp)

Manchmal sind die einfachsten Desserts auch die besten – wie diese klassische Tarte mit frischen Sommerfrüchten und Vanillecreme. Der köstliche Belag wird auf einen rohen Boden, bestrichen mit etwas süß-saurem Himbeeraufstrich, geschichtet. Dann ein Stück abschneiden, sich zurücklehnen und das Dessert an einem schönen Sommertag genießen!

Eine Tarteform mit herausnehmbarem Boden (Ø 28 cm) mit Kokosöl fetten. Die Feigen 30 Min. in gefiltertem Wasser einweichen. Abgießen, die Stängelansätze abschneiden und die Feigen grob hacken. In einer Küchenmaschine die Mandeln und Cashewkerne grob hacken, einige Stücke größer lassen, dann herausnehmen.

Feigen, Vanillemark, Salz, Orangenschale und -saft in die Küchenmaschine geben und zu einer Paste mixen. Gemahlene Mandeln, gehackte Mandeln und Cashew-kerne zufügen und unterarbeiten. Die Masse in die Form geben, flach drücken und einen Rand hochdrücken. Mit dem Himbeer-Chia-Aufstrich bestreichen und kalt stellen.

Für die Vanillecreme Cashewsahne, Vanillemark, Kokosblütensirup und Zitronensaft in einen Mixer geben und glatt vermengen. Kokosöl zerlassen, zufügen und alles zu einer glatten Creme mixen.

Die Tarte aus dem Kühlschrank nehmen und die Creme auf dem Himbeer-aufstrich verstreichen. 3–4 Std. zum Festwerden in den Kühlschrank stellen. Größere Früchte in Stücke schneiden, dann das Obst am Rand beginnend auf der Creme anordnen. Sofort servieren, dann sind die Aromen und Farben am intensivsten. Luftdicht verpackt hält sich die Tarte 3 Tage im Kühlschrank.

TIPP
Die Tarte schmeckt mit allen Sommerfrüchten – probieren Sie einen Mix aus Himbeeren, Erdbeeren, Blaubeeren, Aprikosen, Pfirsichen, Nektarinen, roten, schwarzen und weißen Johannisbeeren.

Erdbeer-Verbene-Granita

Für 10 Portionen

150 ml gefiltertes Wasser
100 g Honig
3 EL getrocknete Zitronenverbene
450 g Salatgurke, geschält und entkernt
300 g Erdbeeren, entkelcht
150 ml Limettensaft (von ca. 5 Limetten)
¼ TL Himalayasalz

Im Hochsommer bringen Granitas auf angenehme Weise Abkühlung. Diese hier wirkt zudem reinigend, ist leicht und hat einen feinen Duft. Genau das Richtige für einen heißen Sommertag, wenn Sie eine erfrischende Stärkung brauchen.

In einem kleinen Topf Wasser, Honig und Zitronenverbene aufkochen. Topf vom Herd nehmen und das Ganze 10 Min. ziehen lassen. Gurke, Erdbeeren, Limettensaft und Salz im Mixer glatt verarbeiten. Das Verbenenwasser mitsamt den Kräuterblättern zugeben und alles zu einer glatten Konsistenz mixen.

Die Mischung in ein gefriergeeignetes Gefäß füllen und 2 Std. einfrieren, bis die Oberfläche gefroren ist. Herausnehmen und den gefrorenen Teil mit einer Gabel aufbrechen. Das Ganze dreimal im Abstand von 1–2 Std. wiederholen, bis ein leicht „matschiges" Eis entstanden ist. Dann bis zum Gebrauch einfrieren und in Gläsern servieren.

Für 10–12 Stücke

Schokoladenboden
Natives Kokosöl für die Form
120 g Medjool-Datteln
25 g Cashewkerne
1½ TL Vanilleextrakt
1¼ EL Kakaopulver
¼ TL Himalayasalz
120 g Mandelmus (s. S. 26) oder
   ein anderes Nussmus
125 g Buchweizenschrot
20 g selbst gemachte Schokolade
   (s. S. 156) oder Bitterschokolade
   (85 % Kakao)
20 g Kakaonibs

Bananen-Passionsfrucht-Füllung
70 g Cashewkerne
¾ TL Himalayasalz
200 ml gefiltertes Wasser
60 g Medjool-Datteln
3–4 sehr reife Bananen
   (ca. 430 g Fruchtfleisch)
½ TL Zimt
Mark von ½ Vanilleschote
70 g natives Kokosöl, zerlassen
Ca. 8 kleine Passionsfrüchte
25 ml Limettensaft

Karamellsauce
150 g Medjool-Datteln
1 TL grobes Meersalz
Mark von ½ Vanilleschote
75 ml Kokosmilch (Dose)

Garnitur
1 große Banane (ca. 180 g), in Scheiben
40–50 g selbst gemachte Schokolade
   (s. S. 156) oder Bitterschokolade
   (85 % Kakao), in Spänen
20 g Buchweizenschrot
20 g Kakaonibs
2 Passionsfrüchte, Kerne herausgekratzt

Schoko-Bananen-Torte mit Karamellsauce

....

Die Kombination von Schokolade und Banane kommt einfach nie aus der Mode! Die bittere Süße des Schokoladenbodens wird durch das Meersalz in der Karamellsauce und die säuerlichen Passionsfrüchte der Füllung bestens ausbalanciert. Dazu kommen Nüsse, Datteln und weitere gesunde Zutaten – ein richtiges Kraftpaket.

....

Für die Füllung die Cashewkerne 3–4 Std. mit ½ TL Himalayasalz in gefiltertem Wasser einweichen. Abgießen und gut abspülen. Eine ca. 3,5 cm tiefe Tarteform (Ø 22 cm) mit Kokosöl fetten.

Für den Boden in einer Küchenmaschine Datteln und Cashewkerne zu kleinen Stücken verarbeiten, bis sie beginnen, einen Ball zu formen. Vanilleextrakt, Kakao, Salz und Mandelmus zugeben und das Ganze 1 Min. vermengen. Buchweizenschrot zufügen und einige Male zerkleinern, bis die Buchweizen-körner aufbrechen und der Mix gut zusammenklebt. Die Masse in die vor-bereitete Form geben, flach drücken und einen Rand hochdrücken. In den Gefrierschrank stellen.

Die Schokolade im Wasserbad (s. S. 156) langsam zerlassen. Mithilfe eines Teigpinsels den Tortenboden damit bestreichen und mit Kakaonibs bestreuen. Wieder in den Gefrierschrank stellen.

Für die Füllung die eingeweichten Cashewkerne mit Datteln, ¼ TL Salz, Bananen, Zimt und Vanillemark im Mixer glatt pürieren. Am Rand klebende Masse herunterkratzen und noch einmal zerkleinern. Kokosöl zugeben und noch einmal mixen, bis eine glatte Masse entstanden ist. Zwei Drittel davon (ca. 400 g) auf den Boden geben und glatt streichen, dabei eventuelle Luftblasen zerdrücken, dann wieder in den Gefrierschrank stellen.

Passionsfrüchte halbieren, Kerne und Pulpe entfernen und durch ein feines Sieb drücken, um 80 ml Fruchtsaft zu erhalten. Limettensaft zugießen, dann den Saft zur übrigen Bananenmischung im Mixer geben und alles gut vermengen. Die Passionsfruchtschicht auf der Bananenschicht verteilen und glatt streichen, dann die Torte 3 Std. oder über Nacht in den Gefrierschrank stellen.

Für die Karamellsauce die Datteln 10 Min. in 200 ml warmem Wasser einweichen. Dann mit Salz, Vanillemark und Kokosmilch im Mixer glatt pürieren. Kalt stellen, vor der Verwendung noch einmal umrühren.

Die Torte 3 Std. vor dem Servieren aus dem Gefrierschrank nehmen und auftauen lassen oder 12 Std. vorher in den Kühlschrank stellen. Die aufgetaute, aber noch kalte Torte auf eine Servierplatte geben, mit Bananenscheiben und Schokospänen belegen, leicht eindrücken. Dann mit Buchweizenschrot, Kakaonibs und Passions-fruchtsamen bestreuen und mit Karamellsauce beträufeln. Alternativ die Sauce extra dazu reichen. Torte und Sauce halten sich luftdicht verpackt 5 Tage im Kühlschrank.

Parfait Schwarzwälder Art

Reife, pralle Süßkirschen und getrocknete Sauerkirschen vereinen sich auf verführerische Weise in diesem Schichtdessert. Der dunkle Boden mit Kakao, Paranüssen und gekeimtem Hafer liefert köstliche Aromen und eine knusprige Textur, darauf ruhen die beiden cremigen Schichten aus Cashewnüssen und Kokosöl.

Für 10 Scheiben

Schokoladenboden

60 g Paranusskerne
80 g Medjool-Datteln
Mark von ¼ Vanilleschote
½ TL Himalayasalz
1 EL Kakaopulver
½ TL Zimt
40 g selbst gemachte Schokolade
(s. S. 156) oder Bitterschokolade
(85 % Kakao), grob gehackt
40 g gekeimter Hafer

Vanillecreme

100 g Cashewkerne
½ TL Himalayasalz
200 ml gefiltertes Wasser
70 ml Mandelmilch (s. S. 28)
30 g heller Kokosblütensirup oder
klarer Honig
Mark von ½ Vanilleschote
50 g natives Kokosöl, zerlassen

Kirschcreme

100 g Cashewkerne
¾ TL Himalayasalz
200 ml gefiltertes Wasser
200 g entsteinte Süßkirschen
¼ TL Zimt
Abrieb von ¼ Bio-Zitrone
3 TL Zitronensaft
100 g natives Kokosöl
50 g getrocknete Sauerkirschen
10–20 g Kokosblütensirup oder Honig,
nach Belieben

Garnitur

20 g Kakaonibs, nach Belieben
Ca. 6 Süßkirschen, nach Belieben
Einige essbare Blüten, nach Belieben

Die Cashewkerne für die Vanille- und die Kirschschicht getrennt mit je ½ TL Himalayasalz in gefiltertem Wasser einweichen. Nach 3–4 Std. abgießen und gut abspülen. Ein Backblech (mind. 27 cm lang, 4 cm tief) mit Backpapier belegen.

Die Paranüsse in einer Küchenmaschine grob hacken. Herausnehmen, dann Datteln, Vanillemark, Salz, Kakao und Zimt hineingeben und zu einer Paste vermengen. Gehackte Nüsse, Schokolade und gekeimten Hafer zugeben und einige Male kurz mixen. Die Mischung sollte noch eine krümelige Textur haben und zusammenkleben, wenn man sie mit den Fingern zusammendrückt.

Die Masse herausnehmen und entlang von zwei Kanten des Backblechs zu einem rechteckigen Boden flach drücken (26,5 x 9 cm). Aus Aluminiumfolie einen dreilagigen, 4 cm breiten Streifen falten und diesen an den beiden Seiten, die den Rand des Backblechs nicht berühren, um die Masse legen. Einfrieren.

Für die Vanillecreme die eingeweichten Cashewkerne mit der Mandelmilch glatt mixen. Kokosblütensirup oder Honig, Vanillemark und Kokosöl zufügen und mixen, bis wieder eine glatte Masse entsteht. Auf den Schokoboden gießen, darauf achten, dass nichts durch den Alustreifen sickert. Sofort 1–2 Std. einfrieren. Bevor die Kirschcreme darauf kommt, muss die Vanilleschicht ganz fest gefroren sein.

Für die Kirschcreme Kirschen, Zimt, ¼ TL Salz, Zitronenschale und -saft im Mixer zu Kirschsaft verarbeiten. Cashewkerne zugeben und ganz glatt mixen. Kokosöl zerlassen und zusammen mit den Sauerkirschen zufügen. Glatt mixen, ggf. zwischendurch am Rand klebende Masse herunterkratzen. Der Mix sollte seine Farbe von Lila zu Rot verändern. Abschmecken und nach Wunsch noch mit Sirup oder Honig süßen. Die Kirschcreme auf der Vanilleschicht verteilen und 1 Std. einfrieren. Die Schicht sollte fest, aber nicht ganz hart gefroren sein. Das Parfait in 2,5 cm breite Scheiben schneiden. Das geht am besten, wenn Sie ein scharfes Messer zuvor in heißes Wasser tauchen.

Die Scheiben nach Belieben garnieren. Ich verwende gern Kakaonibs, frische Kirschen und essbare Blüten. Wer mag, kann dazu noch die Schokoglasur von S. 151 zubereiten. Das Parfait hält sich im Kühlschrank luftdicht verpackt 5 Tage. Es kann 3 Monate eingefroren werden, doch muss man es vor dem Servieren auftauen, weil es wie eine kalte Mousse verzehrt wird.

TIPP

Süßkirschen mit rötlichem Fleisch sind ein Muss für das Parfait, damit die Kirschschicht eine schöne rote Farbe bekommt. Wenn Ihnen diese nicht kräftig genug ist, können Sie etwas Rote-Bete-Pulver unterrühren.

Für 12–16 Stücke

Orangeneis

150 g Macadamianusskerne
¾ TL Himalayasalz
300 ml gefiltertes Wasser
175 g Medjool-Datteln
400 ml Orangensaft
180 ml Kokosmilch (Dose)
Mark von ½ Vanilleschote
Abrieb von 1 Bio-Orange
1 TL Zitronensaft
2 TL Orangenextrakt

Kandierte Salznüsse

50 g Pinienkerne
50 g Pistazienkerne
20 g (1 EL) Ahornsirup
20 g (2 EL) Kokosblütenzucker
½ TL Himalayasalz

Walnuss-Pistazien-Boden

100 g getrocknete Feigen
200 ml gefiltertes Wasser
85 g Walnusskerne
85 g Pistazienkerne
Mark von ½ Vanilleschote
¼ TL Himalayasalz
Abrieb von ¼ Bio-Orange
30 g gemahlene Mandeln

Schoko-Orangen-Eis

2 EL Kakaopulver
45 g Medjool-Datteln
½ TL Himalayasalz
60 ml Kokosmilch (Dose)
50 g selbst gemachte Schokolade
 (s. S. 156) oder Bitterschokolade
 (85 % Kakao)

Schokoladenglasur

80 g natives Kokosöl, zerlassen
160 g Ahornsirup
70 g Kakaopulver
Mark von ½ Vanilleschote
1 Prise Himalayasalz
50 ml gefiltertes Wasser

Schoko-Orangen-Eistorte mit Schokoladenglasur

··

Diese dekorative gestreifte Eistorte verbindet zwei Geschmacksrichtungen, die perfekt zusammenpassen: zartherbe Schokolade und Orange. Zwischen den Eiscremeschichten sorgt hauchdünne Schokolade für Struktur, die salzig-süßen kandierten Nüsse liefern zusätzliche Aromen und Biss.

··

Für das Orangeneis die Macadamianusskerne mit ½ TL Himalayasalz 6 Std. in gefiltertem Wasser einweichen, danach abgießen. Für die kandierten Nüsse alle Zutaten in einer Schüssel mischen, darauf achten, dass die Nüsse gleichmäßig überzogen werden. Bei 45 °C 12–24 Std. im Dehydrator trocknen, die Zeit hängt davon ab, wie knusprig die Nüsse sein sollen. Alternativ im Backofen bei 60 °C trocknen, dann alle 30 Min. prüfen, wie knusprig die Nüsse sind. Herausnehmen und beiseitestellen.

Eine Form mit herausnehmbarem Boden (Ø 18–20 cm) mit Backpapier belegen. Feigen 30 Min. in gefiltertem Wasser einweichen, abgießen und Stängelansätze entfernen. In einer Küchenmaschine Walnüsse und Pistazien grob hacken, herausnehmen. Feigen, Vanillemark, Salz und Orangenschale in der Küchenmaschine zu einer Paste verarbeiten. Gehackte Nüsse und Mandeln zufügen und die Zutaten vermengen, bis sie zusammenkleben. Die Mischung in die Form geben und zu einem Boden flach drücken. In den Gefrierschrank stellen.

Für das Orangeneis Macadamianusskerne, ¼ TL Salz und alle restlichen Zutaten im Mixer glatt zerkleinern. Von den Nüssen werden noch winzig kleine „Körner" in der Masse sein, diese nimmt man später in der gefrorenen Masse nicht wahr. 310 g davon abwiegen und auf dem gefrorenen Boden verstreichen – die erste Orangeneisschicht. 2–3 Std. einfrieren, bis die Schicht fest ist. Weitere 310 g abnehmen und beiseitestellen. Das letzte Drittel der Masse für das Schoko-Orangen-Eis verwenden: Kakao, Datteln, Salz und Kokosmilch zugeben und zu einer glatten Konsistenz verarbeiten.

Wenn die erste Orangeneisschicht fest ist, die Schokolade im Wasserbad zerlassen (s. S. 156). Dann eine dünne Lage Schokolade auf das gefrorene Orangeneis streichen. Das sieht beim Aufschneiden nicht nur gut aus, es verleiht auch Biss. Dann die Schoko-Orangen-Masse darauf verstreichen und 2–3 Std. einfrieren. Das Ganze mit der restlichen zerlassenen Schokolade und der beiseitegestellten Orangenmasse wiederholen. Die Torte über Nacht einfrieren.

Für die Glasur Kokosöl mit Ahornsirup, Kakao, Vanillemark und Salz im Mixer glatt vermengen. Wasser zugeben und noch einmal mixen. Die Masse in einen Krug gießen und abkühlen lassen. Die Torte aus dem Gefrierschrank nehmen. Mit einem in etwas heißes Wasser getauchten Messer den Rand von der Form lösen, dann die Torte herausheben und auf ein Kuchengitter setzen. Ist die Glasur fest geworden, diese noch einmal leicht erwärmen. Die Glasur über die Torte träufeln und glatt streichen, dabei schnell arbeiten, damit eine möglichst glatte Oberfläche entsteht. Am Rand herunterlaufen lassen und glatt streichen. Bleibt Glasur übrig, erwärmen und zum Kuchen reichen. Mit den kandierten Nüssen belegen und sofort servieren. Die Eistorte lässt sich 3 Monate im Gefrierschrank aufbewahren.

Blaubeer-Zitronen-Mousse-Kuchen mit Geranien

Für 10–12 Stücke

Blaubeer-Zitronen-Mousse
400 ml Kokosmilch (Dose)
150 g Cashewkerne
¾ TL Himalayasalz
300 ml gefiltertes Wasser
325 g Blaubeeren
Abrieb von 2 Bio-Zitronen
100 ml Zitronensaft
110 g klarer Honig
75 g natives Kokosöl

Vanilleboden
90 g Medjool-Datteln
¼ TL Himalayasalz
Mark von 1 Vanilleschote
70 g Kokosraspel
35 g Hanfsamen
30 g natives Kokosöl

Garnitur
150 g Blaubeeren
Duftgeranienblüten oder
    andere essbare Blüten

Geschlagene Kokossahne verleiht diesem Dessert seinen herrlich leichten, zarten Schmelz. Blaubeeren und Zitrone sorgen für einen frisch-fruchtigen Geschmack, der durch Duftgeranien abgerundet wird.

Am Abend zuvor die Dose Kokosmilch in den Kühlschrank stellen. Eine Springform mit herausnehmbarem Boden (Ø 23 cm) mit Backpapier auslegen. Die Cashewkerne mit ½ TL Himalayasalz in gefiltertem Wasser 3–4 Std. einweichen.

Für den Boden Datteln mit Salz und Vanillemark zu einer Paste mixen. Kokosraspel und Hanfsamen unterarbeiten. Kokosöl zerlassen, zufügen und so lange mixen, bis sich die Zutaten gut verbunden haben. In die vorbereitete Form geben, zu einem Boden flach drücken und kalt stellen.

Im Mixer 150 g der Blaubeeren, Zitronenschale und -saft, Honig und Salz zu einem lila Saft verarbeiten. Cashewkerne abgießen und abspülen, zum Blaubeersaft geben und untermixen, bis das Ganze eine glatte Konsistenz hat.

Die Kokosmilch öffnen und die Sahne abnehmen, die sich über Nacht oben abgesetzt hat. Sie benötigen 240 g. Falls nötig, noch etwas von der dünneren Milch zugeben. Die Sahne mit den Schneebesen eines Handrührgeräts dick aufschlagen.

Kokosöl zerlassen und unter den Blaubeersaft mixen, dann alles zur geschlagenen Sahne geben. Das Ganze noch einmal leicht verrühren. Nicht zu lange, sonst bleibt die Masse nicht locker genug. Die restlichen Blaubeeren unterheben, dann das Mousse in die Form geben und glatt verstreichen. 2 Std. zum Festwerden kalt stellen, anschließend herausnehmen. Das Dessert mit Blaubeeren und Duftgeranienblüten garnieren und sofort servieren. Im Kühlschrank hält es sich luftdicht verpackt 5 Tage.

Schokolade, Petits Fours und andere Kleinigkeiten

Selbst gemachte Schokolade

Für ca. 450 g oder 5 Riegel à 90 g

250 g Kakaobutter, gehackt oder
   in kleinen Stückchen
125 g Kakaopulver
90 g Ahornsirup
Mark von 1 Vanilleschote

Toppings und Aromen

Beerenschokolade
Goji-Beeren, weiße Maulbeeren,
Inkabeeren, Buchweizenschrot,
geschälte Hanfsamen und Kürbiskerne

Exotische Schokolade
Getrocknete Mango, getrocknete
Ananas, geröstete Kokosflocken und
Kakaonibs

Frucht-Nuss-Schokolade I
Gehackte getrocknete Aprikosen,
getrocknete Feigen, Rosinen,
Paranüsse und Mandeln

Frucht-Nuss-Schokolade II
Pistazien, Haselnüsse, getrocknete
Cranberrys und getrocknete
Blaubeeren

Pfefferminze
1 TL ungesüßten Pfefferminzextrakt
auf 90 g Schokoladenmasse geben

Orangenschokolade
1 TL ungesüßten Orangenextrakt auf
90 g Schokoladenmasse geben, die
Form mit Kakaonibs ausstreuen

*Rosen-Orangenblüten-Schokolade mit
Himbeere, Macadamianüssen und Sesam*
Jeweils ½ TL Rosen- und Orangenblütenwasser auf 90 g Schokoladenmasse geben, in die Form gießen
und mit tiefgefrorenen Himbeeren,
Macadamianüssen und weißem Sesam
garnieren

Diese Bitterschokolade enthält weder künstliche Aromen noch Emulgatoren. Sie schmeckt so intensiv, dass Sie sie in kleinen Stücken genießen und auf der Zunge zergehen lassen sollten. Damit die Schokolade eine glatte Konsistenz und einen schönen Glanz bekommt, ist es wichtig, sie richtig zu temperieren. Sie macht dann ein sattes „Klack"-Geräusch, wenn man ein Stück abbricht.

Ein 2 cm tiefes Backblech (35 x 25 cm) mit Backpapier belegen.

Für das Wasserbad eine hitzefeste Schüssel aus Glas oder Keramik auf einen Topf mit Wasser setzen. Der Boden der Schüssel darf das Wasser nicht berühren. Das Wasser aufkochen, dann köcheln lassen. Die Kakaobutter in die Schüssel geben und langsam zerlassen. Sie darf nicht über 40–45 °C heiß werden. Wird sie zu heiß, ist aber noch nicht ganz zerlassen, die Schüssel vom Topf nehmen und die Butter neben dem Herd schmelzen lassen. (Zu große Hitze würde bewirken, dass die Schokolade später körnig wird und „blüht", d. h. weiße Flecken bekommt.)

Ist die Kakaobutter ganz geschmolzen und hat eine Temperatur von 40–45 °C, die restlichen Zutaten zugeben. Dadurch reduziert sich die Wärme auf 28–30 °C, etwas mehr oder weniger ist auch noch in Ordnung.

Alle Zutaten mit den Schneebesen eines Handrührgeräts vermengen, bis sich die Kakaopulver-Klümpchen aufgelöst haben und das Ganze eine glatte, glänzende Konsistenz hat. Aber nicht zu lange rühren, sonst wird die Schokolade zu hart. Ist das passiert, die Schüssel wieder auf das Wasserbad setzen und 1 Min. rühren, dann herunternehmen. Weiterrühren, bis die Schokolade 28–30 °C erreicht hat, anschließend auf das Blech gießen. Das Blech vorsichtig auf die Arbeitsfläche schlagen, damit Luftblasen entweichen. Die Schokoladenmasse kalt stellen. Die fest gewordene Schokolade in Portionen brechen und in luftdicht verschlossenen Behältern im Kühlschrank aufbewahren. Dort hält sie sich mind. 3 Monate.

Selbst gemachte Schokoladentafeln

Ein tolles kulinarisches Geschenk! Verfeinern Sie die Tafeln mit den Toppings und Aromen, die ich vorschlage, oder kreieren Sie Ihre eigenen Sorten.

Sie benötigen 1 cm tiefe Formen (15 x 7 cm), in eine passen 90 g Schokoladen-masse. Die Formen mit heißem Seifenwasser ausspülen und gut mit einem weichen Küchenhandtuch abtrocknen.

Die gewünschte Menge Schokolade wie oben beschrieben im Wasserbad zu-bereiten. Nach Wunsch noch aromatisieren (s. links). Die Masse bei einer Temperatur von 28–30 °C hineingießen. Die Formen einige Male auf die Arbeitsfläche schlagen, damit Luftblasen entweichen. Wenn gewünscht, noch ein Topping daraufgeben und die Schokoladenmasse zum Festwerden in den Kühlschrank stellen. Wenn es schnell gehen soll, in das Gefrierfach stellen. Die festen Tafeln lassen sich ganz einfach aus den Formen nehmen.

Trüffelvariationen mit Bitterschokolade

Jedes der Trüffelrezepte auf dieser Seite ergibt ungefähr 40 Trüffel. Die Zartbittertrüffel halten sich luftdicht verpackt 1 Woche im Kühlschrank und schmecken am besten kalt.

Zartherbe Schokotrüffel

125 g Ahornsirup
80 g Kakaopulver
  plus etwas für den Überzug
100 ml Kokosmilch (Dose)
2 TL Vanilleextrakt
1 Prise Himalayasalz
80 g natives Kokosöl, zerlassen

Zartherbe Schokotrüffel

Alle Zutaten mit Ausnahme des Kokosöls im Mixer glatt vermengen. Kokosöl zufügen und alles mixen, bis die Konsistenz glatt ist. Die Ganache in eine Schüssel geben, mit Backpapier abdecken und zum Festwerden 30 Min. kalt stellen. Anschließend aus der Ganache mit zwei Teelöffeln kleine Mengen abnehmen. Sollen die Trüffel rund werden, die Masse mit den Händen zu kleinen Kugeln rollen. In Kakaopulver wälzen und kalt stellen.

Espressotrüffel

1½ EL gemahlenes Kaffeepulver
125 g Ahornsirup
70 g Kakaopulver
  plus etwas für den Überzug
80 g natives Kokosöl, zerlassen
1 Prise Himalayasalz

Espressotrüffel

Kaffee und 150 ml kochendes Wasser verrühren und ziehen lassen. Durch ein sehr feines Sieb abgießen. Sie benötigen 140 ml Kaffee. Mit Ahornsirup und Kakaopulver im Mixer glatt vermengen. Kokosöl und Salz untermixen, bis die Masse eine glatte Konsistenz hat. In eine Schüssel geben, mit Backpapier abdecken und 30 Min. kalt stellen. Dann herausnehmen und die Masse wie oben beschrieben weiterverarbeiten.

Chilitrüffel mit Zimt und Muskat

1 Rezeptmenge Zartherbe Schokotrüffel
  (s. o.)
¼ TL Chiliflocken
½–1 TL Zimt
½ ganze Muskatnuss, gerieben
1 Prise Paprikapulver
Kakaopulver für den Überzug

Chilitrüffel mit Zimt und Muskat

Alle Zutaten bis auf das Kakaopulver im Mixer glatt vermengen. Die Ganache in eine Schüssel geben, mit Backpapier abdecken und 30 Min. kalt stellen. Wie oben beschrieben weiterverarbeiten.

Püree aus schwarzen Johannisbeeren

150 g schwarze Johannisbeeren
20 g Honig oder Kokosblütensirup
½ TL Zitronensaft

Johannisbeertrüffel

120 g Püree aus schwarzen
  Johannisbeeren (s. o.)
70 g Kakaopulver
  plus etwas für den Überzug
125 g Ahornsirup
80 g natives Kokosöl, zerlassen

Johannisbeertrüffel

Alle Zutaten für das Johannisbeerpüree mit 25 ml Wasser so glatt wie möglich mixen. Durch ein feines Sieb passieren, dabei so viel wie möglich durchdrücken. Sie benötigen 120 g Püree. Im Mixer mit Kakaopulver und Ahornsirup zu glatter Konsistenz vermengen. Kokosöl untermixen, bis eine glatte Masse entsteht. Die Ganache in eine Schüssel geben, mit Backpapier abdecken und 30 Min. kalt stellen. Wie oben beschrieben weiterverarbeiten.

Trüffelvariationen mit weißer Schokolade

Aus diesen Rezepten lassen sich jeweils 25 kleine Trüffel zubereiten. Luftdicht verpackt halten sie sich im Kühlschrank mind. 1 Woche.

Weiße Schokoladentrüffel

120 g Kakaobutter
80 g Cashewmus (s. S. 26)
Mark von ¼ Vanilleschote
Abrieb von ¼ Bio-Zitrone
45 g klarer Honig

Weiße Schokoladentrüffel

Die Kakaobutter im Wasserbad zerlassen (s. S. 156), in einen Mixer gießen, restliche Zutaten zufügen und das Ganze vermengen, bis eine glatte Masse entsteht. Daraus mit zwei Teelöffeln Trüffel formen und kalt stellen. Haben Sie etwas von der Masse übrig, auf Backpapier geben und zum Festwerden kalt stellen. Anschließend in Stücke brechen und in einem Glas im Kühlschrank für andere Rezepte aufbewahren.

Matcha-Sesam-Trüffel

½ Rezeptmenge Weiße
  Schokoladentrüffel (s. o.), frisch
  zubereitet oder zerlassen
1½ TL Matcha-Tee
20 g (1 EL) Honig
1 EL Cashewmus (s. S. 26)
1 Prise Himalayasalz

Überzug

30 g weiße Sesamsamen
15 g schwarze Sesamsamen
½ Rezeptmenge Weiße Schokoladentrüffel (s. o.), frisch zubereitet oder
  zerlassen

Matcha-Sesam-Trüffel

In einem Mixer alle Trüffelzutaten glatt vermengen. In eine Schüssel geben, mit Backpapier abdecken und zum Festwerden 15 Min. kalt stellen.

Mit einem Teelöffel jeweils etwas von der Trüffelmasse abnehmen und mit den Händen daraus kleine Bällchen formen. Weiße und schwarze Sesamsamen in einer Schüssel mischen. Die Finger in die flüssige Schokoladentrüffelmasse tauchen und in der Handfläche verteilen, dann jeden Trüffel damit überziehen, ggf. wiederholen. Die Trüffel zum Schluss in den Sesamsamen wälzen und trocknen lassen.

Honigtrüffel mit Kamille

4 EL getrocknete Kamillenblüten, ohne
  Stiele
½ Rezeptmenge Weiße Schokoladentrüffel (s. o.), frisch zubereitet oder
  zerlassen
1 EL Cashewmus (s. S. 26)
20 g (1 EL) Honig
1 Prise Himalayasalz

Überzug

½ Rezeptmenge Weiße Schokoladentrüffel (s. o.), frisch zubereitet oder
  zerlassen
Getrocknete Kamillenblüten (s. o.)

Honigtrüffel mit Kamille

In einer Gewürzmühle die Kamillenblüten mahlen. Ein Viertel davon für den Überzug beiseitestellen. Alle Trüffelzutaten in einen Mixer geben und glatt verarbeiten. In eine Schüssel füllen, mit Backpapier abdecken und zum Festwerden 15 Min. kalt stellen.

Mit einem Teelöffel jeweils etwas von der Masse abnehmen und mit den Händen daraus kleine Bällchen formen. Die Finger in die flüssige Trüffelmasse für den Überzug tauchen und in der Handfläche verteilen, dann jeden Trüffel damit überziehen, ggf. wiederholen. Die Trüffel zum Schluss in den gemahlenen Kamillenblüten wälzen und trocknen lassen.

TIPPS
Ich bevorzuge bei der Zubereitung Honig, weil er die anderen Aromen zur Geltung kommen lässt. Heller Kokosblütensirup als vegane Alternative kann aber auch verwendet werden.

Alle Trüffel sind zum Einfrieren geeignet.

Foto S. 158/159: *Ganz links: Zartherbe Schokotrüffel. Durchgeschnittene Trüffel, von oben nach unten: Haselnuss-Limetten-Berge (s. S. 166) und Matcha-Sesam-Trüffel. Schokolade in der Dose (von links nach rechts): Honigtrüffel mit Kamille, Haselnuss-Limetten-Berge und Matcha-Sesam-Trüffel.*

Weiße Schoko-Mendiants mit Cranberrys und Pistazien

Für ca. 30 Mendiants

½ Rezeptmenge Weiße
 Schokoladencreme (s. S. 104)
1 TL gemahlener Kardamom
20 g (1 EL) klarer Honig oder
 heller Kokosblütensirup
25 g (3 EL) Pistazienkerne, halbiert
½ TL Fleur de Sel
25 g getrocknete Cranberrys

Mendiants sind ein Klassiker der französischen Patisserie: kleine Taler, die mit Nüssen und getrockneten Früchten garniert werden. Sie schmecken nach dem Essen zum Espresso oder sind hübsch verpackt ein schönes Mitbringsel. Variieren Sie Gewürze, Nüsse und getrocknete Früchte nach Belieben.

Den Backofen auf 170 °C vorheizen und zwei kleine Backbleche mit Backpapier belegen.

Die Schokoladencreme in eine große Schüssel geben und Kardamom und Honig oder Kokosblütensirup einrühren. Wenn Sie die Creme frisch gemacht haben und diese sehr flüssig ist, abkühlen lassen, bis sie fester ist. In der Zwischenzeit Pistazien auf ein Backblech legen und 5–7 Min. im vorgeheizten Ofen rösten, bis sie Farbe bekommen haben. Abkühlen lassen und halbieren.

Die abgekühlte Creme in einen Einweg-Spritzbeutel füllen und unten eine kleine Spitze abschneiden. Falls nötig, den Mix mit den Händen leicht anwärmen. Jeweils 2 cm große Kreise auf das zweite Backblech spritzen und sofort mit Fleur de Sel bestreuen und einige Stücke Cranberry und Pistazie darauf verteilen. Im Kühlschrank fest werden lassen. Direkt aus dem Kühlschrank servieren. Luftdicht verpackt halten sich die Mendiants im Kühlschrank 1 Woche.

Schokolierte Minzeblätter

Für ca. 50 Minzeblätter

100 g selbst gemachte Schokolade
 (s. S. 156) oder Bitterschokolade
 (85 % Kakao)
1 großes Bund frische Minze

Dieses Rezept kommt mit nur zwei Zutaten aus, ist aber extrem lecker: Eine dünne Schicht Zartbitterschokolade umhüllt erfrischende Minzeblätter. Achten Sie nur darauf, die Schokolade richtig zu temperieren. Servieren Sie die süße Kleinigkeit nach dem Essen oder als Brotbelag, dazu einen frischen Minztee oder Espresso.

Ein kleines Blech mit Backpapier belegen und in den Gefrierschrank stellen. Die Schokolade im Wasserbad (s. S. 156) zerlassen und auf einer Temperatur von 28–32 °C halten.

Minzeblätter von den Stielen zupfen, dabei jeweils ein kleines Stück Stiel belassen, daran kann man die Blätter beim Dippen gut festhalten. Größere Stiele für Smoothies oder Salate verwenden.

Das Blech aus dem Gefrierschrank nehmen. Jedes Minzeblatt einzeln in die Schokolade tauchen und damit überziehen, dann auf das kalte Blech legen. Ist die Schokolade 28–32 °C warm, sollte es gut funktionieren. Ggf. wiederholen. Die frische Minze hat einen kräftigen Geschmack, deshalb kann der Schokoladen-überzug ruhig etwas dicker sein.

Schokolade fest werden lassen, am besten im Kühlschrank, dann die Blätter vorsichtig vom Blech nehmen und im Kühlschrank aufbewahren. Sie schmecken am besten frisch oder am nächsten Tag.

Paranusstoffees mit Adzukibohnen

**Für ca. 35 quadratische Stücke
(2,5 cm Seitenlänge)**

100 g getrocknete Adzukibohnen
 (ca. 215 g Gargewicht)
500 ml gefiltertes Wasser
220 ml sahnige, süße Cashewmilch
 (s. S. 28)
2 EL Kakaopulver
3 TL Carobpulver
1 TL Macapulver
1 TL Lucumapulver
½ TL Himalayasalz
2 TL Vanilleextrakt
120 g Medjool-Datteln oder andere
 Datteln, 1 Std. in gefiltertem Wasser
 eingeweicht und abgetropft
75 g natives Kokosöl, zerlassen
10 g (½ EL) Dattelsirup, nach Belieben
80 g Paranüsse, grob gehackt

Zum Bestäuben
½ TL Kakaopulver
1 TL Carobpulver
¼ TL Macapulver
¼ TL Lucumapulver

Dies ist womöglich die gesündeste und köstlichste Nascherei, die Sie je gegessen haben! Die Toffees sind unglaublich weich, cremig und warten mit malzig-schokoladigen Karamellnoten auf. Ein Mix aus Adzukibohnen, Cashewmilch und Datteln sowie die Kombination von Carob-, Maca- und Lucumapulver mit Kakao machen es möglich.

Die Adzukibohnen 12 Std. oder über Nacht in 300 ml gefiltertem Wasser einweichen. Ein kleines Backblech oder eine rechteckige Form, mind. 2,5 cm hoch, mit Backpapier belegen. Ich habe eine 30 x 20 cm große Form verwendet; die Toffeemasse füllt die Hälfte.

Bohnen abgießen und abspülen, dann mit dem restlichen gefilterten Wasser in einen Topf geben. Aufkochen und anschließend bei reduzierter Hitze 25–30 Min. köcheln lassen. Dann sollten die Bohnen weich, aber auch noch etwas bissfest sein. Abgießen.

Die Cashewmilch in einen Mixer geben, Kakao-, Carob-, Maca- und Lucumapulver sowie Salz und Vanilleextrakt zufügen und die Zutaten glatt verarbeiten. Am Rand klebende Masse herunterkratzen und noch einmal mixen. Datteln zugeben und auf hoher Stufe 20 Sek. untermixen. Sie müssen die Masse ca. 3-mal nach unten kratzen, bis das Ganze eine glatte Konsistenz hat. Es macht aber auch nichts, wenn noch einige Klümpchen vorhanden sind.

Die gekochten Bohnen im Wechsel mit dem Kokosöl unterarbeiten. Beginnen Sie mit der niedrigsten Stufe und mixen Sie das Ganze 5 Min., dabei die Geschwindigkeit bis zur höchsten Stufe steigern. Abschmecken. Möchten Sie es süßer, etwas Dattelsirup untermixen.

Die Toffeemasse in eine große Schüssel geben und mit den Paranüssen vermengen. Dann 2,5 cm dick auf dem Blech oder in der Form verstreichen. 3 Std., noch besser über Nacht, in den Kühlschrank stellen. Ist die Masse richtig fest, lässt sie sich besser schneiden. Mit einem scharfen Messer in 2,5 cm große Würfel schneiden. Kakao-, Carob-, Maca- und Lucumapulver mischen und über die Toffeewürfel sieben. Im Kühlschrank hält sich das Toffee luftdicht verpackt 3 Tage, eingefroren 1 Monat.

TIPPS
Paranüsse bereichern die Toffees mit einem angenehmen Crunch, Sie können aber auch andere Nüsse oder Trockenfrüchte verwenden. Oder Sie lassen beides weg. Aus der malzigen Schokomischung ohne Bohnen können Sie köstliche Getränke machen. Geben Sie für einen Power-Smoothie eine Pflanzenmilch hinzu oder wärmen Sie das Ganze mit etwas Milch, 1 Prise Zimt und Chili auf. Schon haben Sie eine köstliche heiße Schokolade.

Traumhafte Kokoswürfel

Für 35–40 Würfel

1 ganze Kokosnuss (ca. 260 g
  Kokosfleisch) plus Kokoswasser
60 ml Kokosmilch (Dose)
100 ml Kokoswasser (das Wasser der
  Kokosnuss verwenden und ggf.
  ergänzen)
½ TL Vanilleextrakt
40 g klarer Honig
1 Prise Himalayasalz
70 g natives Kokosöl

Als meine Freundin Grace aus Malaysia feststellte, dass ich für dieses Rezept frische Kokosnuss verwende, wusste ich, dass sie dem Geheimnis des Geschmacks auf der Spur war. Diese leichten Kokoswürfel haben ein intensives Kokosaroma und werden mit etwas Honig gesüßt. Sie begeistern Kinder und Erwachsene.

Eine rechteckige (20 x 16 x 2 cm) oder quadratische Form mit Backpapier auslegen.

Das Kokosfleisch auf einer Vierkantreibe raspeln, Sie benötigen insgesamt 260 g. 130 g Fruchtfleisch mit den restlichen Zutaten mit Ausnahme des Kokosöls in einen Topf geben und zum Kochen bringen. Kokosöl zufügen und das Ganze 10 Min. sanft köcheln lassen. Dann sollte die meiste Milch und auch das Wasser absorbiert sein und fast nur noch Öl übrig sein. Restliche Kokosnussraspel unterrühren.

Den Mix in die vorbereitete Form geben und fest andrücken. Die Masse sollte nicht höher als 1 cm eingeschichtet werden. 1 Std. zum Festwerden kalt stellen, dann vorsichtig herausnehmen und mit einem scharfen Sägemesser in 35–40 Quadrate schneiden. Am besten frisch genießen, im Kühlschrank können die Würfel luftdicht verpackt 3–5 Tage aufbewahrt werden. Die Haltbarkeit hängt von der Frische der Kokosnuss ab.

VARIATION

Kokos-Minikuchen
Das Kokosaroma wird noch intensiver, wenn Sie die Masse backen. Einfach kleine Teile davon abnehmen, mit den Händen rund formen und in Mini-Papierförmchen setzen. 8–10 Min. bei 170 °C im vorgeheizten Ofen backen, bis die Oberfläche goldgelb ist. Abkühlen lassen, dann servieren.

Haselnuss-Limetten-Berge

Für ca. 30 Stück

100 g Haselnusskerne
200 g selbst gemachte Schokolade
  (s. S. 156) oder Bitterschokolade
  (85 % Kakao)
100 g Haselnussmus (s. S. 26)
40 g (2 EL) Honig oder
  Kokosblütensirup
Abrieb und 1 TL Saft von ½ Bio-Limette
1 Prise Himalayasalz

Eine Hülle aus knusprigen Haselnüssen und feinherber Schokolade umgibt einen Kern aus weichem Nussmus mit einem Hauch Limette – wer könnte da widerstehen?

Den Backofen auf 180 °C vorheizen. Ein Blech mit Backpapier belegen. Die Haselnüsse darauf 6–8 Min. im Ofen rösten. Nüsse abkühlen lassen, in ein Geschirrtuch geben, die Häute soweit möglich abrubbeln. Dann die Nüsse in der Küchenmaschine in kleine Stücke hacken, aber nicht mahlen. Auf einem Teller beiseitestellen.

Die Schokolade langsam im Wasserbad zerlassen (s. S. 156). 60 g abnehmen und mit Haselnussmus und Honig oder Kokosblütensirup in einer Schüssel zu einer glatten Paste vermengen. Limettenschale, -saft und Salz untermixen. Mithilfe von zwei Teelöffeln kleine Mengen abnehmen und daraus 30 kleine Bällchen formen.

Hat die Schokolade eine Temperatur von 28–30 °C erreicht, die Bällchen mithilfe einer Gabel einzeln hineintauchen, dann in den Nussstückchen wälzen. Zum Schluss die Handflächen mit etwas zerlassener Schokolade bestreichen und die Bällchen darin rollen. Auf Backpapier trocknen lassen, dann kalt stellen. Im Kühlschrank halten sich die Haselnuss-Limetten-Berge luftdicht verpackt 10 Tage.

Popcorn-Variationen

Lange Filmnächte werden mit diesen Naschereien noch schöner: knuspriges Popcorn in Erdnussbutter-Karamell oder gepuffte Quinoa mit zartherber Schokolade und leckeren Salzmandeln – beide süß und salzig zugleich. Einfach unwiderstehlich und bestimmt vor dem Ende des Films vernascht!

Für 6–8 Portionen

½ EL natives Kokosöl
4 EL Popcornmais
4 EL Kokosblütenzucker
5 EL Ahornsirup
4 EL Erdnussbutter
1 TL grobes Meersalz, fein gemahlen

Erdnussbutter-Karamell-Popcorn

Ein Backblech mit Backpapier belegen. In einem mittelgroßen Topf Kokosöl zerlassen, Popcornmais zufügen und den Topf mit einem Deckel schließen. Den Topf auf der Herdplatte immer wieder leicht schwenken, damit der Mais nicht anbrennt. Den Deckel auf dem Topf lassen, bis der gesamte Puffmais aufgeplatzt ist. Auf keinen Fall vorher öffnen, sonst springt das Popcorn heraus! Dann in eine Schüssel geben.

In demselben Topf Kokosblütenzucker, Ahornsirup, Erdnussbutter und Salz unter Rühren erwärmen, bis die Masse eine glatte Konsistenz hat und zu kochen beginnt. Popcorn zufügen, den Topf vom Herd nehmen und so lange rühren, bis das gesamte Popcorn mit der Masse überzogen ist. Popcorn herausnehmen, nebeneinander auf das Blech legen, abkühlen lassen, dann in Stücke brechen. Am besten frisch essen. In einem Gefrierbeutel aufbewahrt hält sich das Popcorn 3 Tage im Kühlschrank.

Für 6–8 Portionen

70 g Mandeln
½ TL grobes Meersalz, fein gemahlen
70 g selbst gemachte Schokolade
  (s. S. 156) oder Bitterschokolade
  (85 % Kakao)
70 g Mandelmus (s. S. 26)
6 EL gepuffte Quinoa
20 g (1 EL) Ahornsirup

Gepuffte Quinoa mit Schokolade und gesalzenen Mandeln

Den Backofen auf 180 °C vorheizen. Ein Backblech oder Tablett (30 x 20 cm) mit Backpapier belegen. Ein weiteres Backblech mit Backpapier belegen, die Mandeln darauf verteilen und 6–8 Min. im vorgeheizten Ofen rösten. Herausnehmen, etwas abkühlen lassen, anschließend grob hacken und in einer Schüssel mit dem Salz mischen.

20 g der Schokolade grob hacken und mit Mandelmus, gepuffter Quinoa und Ahornsirup zu den Mandeln geben und mischen. Die restliche Schokolade im Wasserbad (s. S. 156) zerlassen und über die Mischung gießen. Die Zutaten gut miteinander vermengen.

Mit den Fingern zu Streuseln verkneten, auf dem vorbereiteten Backblech verteilen und einige Min. in den Kühlschrank geben, bis die Schokolade fest geworden ist. Am besten frisch essen.

In einem Gefrierbeutel aufbewahrt hält sich das Popcorn mind. 1 Woche im Kühlschrank.

Erdbeer-Friands mit Earl Grey und Zitrone

Für 16 Friands

Friands

90 g vegane Margarine oder Butter
(s. S. 11), zerlassen, plus etwas für die
Form
75 g Agavenzucker
15 g (1½ EL) braunes Reismehl
15 g (1½ EL) Sorghum
1 EL Pfeilwurzelstärke
3 TL Earl-Grey-Blätter, fein in der
Gewürzmühle gemahlen
3 Eiweiß
¼ TL Himalayasalz
75 g gemahlene Mandeln
Abrieb von ½ Bio-Zitrone
16 kleine oder 4 große Erdbeeren
(ca. 125 g), geviertelt

Glasur

2–2½ TL Zitronensaft
6 EL Agavenzucker, gesiebt

Dieses leichte Gebäck aus Zitronen-Mandel-Biskuit mit saftigen Erdbeeren und Earl Grey wird Ihre Geschmacksknospen verwöhnen. Ich serviere die Friands gern im Sommer zum Tee und reiche dazu frische Beeren, Naturjoghurt oder Eis. Sie können auch Blaubeeren und Himbeeren verwenden und mit unterschiedlichen Teesorten, Blütenblättern oder Gewürzen experimentieren.

Den Backofen auf 180 °C vorheizen. Die Vertiefungen einer Friand-Form (oder einer Muffinform) mit etwas zerlassener Butter fetten. Restliche Butter beiseitestellen.

Agavenzucker, Mehle und Pfeilwurzelstärke zusammen in eine große Schüssel sieben. Earl-Grey-Pulver untermischen. Die Eiweiße zusammen mit dem Salz steif schlagen. Die Mehlmischung kurz unter die Eiweißmasse heben, dann die Mandeln und die Zitronenschale unterrühren. Zum Schluss kurz die zerlassene Butter unterziehen. Nicht zu lange rühren, die Zutaten sollten sich gerade verbunden haben.

Mithilfe eines Teelöffels die Masse auf die Mulden der Form verteilen. Diese nicht bis ganz oben füllen, einige Millimeter frei lassen. Jede Portion mit 1 kleinen oder ½ Erdbeere belegen und leicht in die Masse drücken.

Die Friands 10–12 Min. im vorgeheizten Ofen backen. Dann sollten sie goldgelb und fest sein, aber auf leichten Druck nachgeben. Erst in der Form 10 Min. abkühlen lassen, dann auf ein Kuchengitter geben und ganz erkalten lassen.

Für die Glasur Zitronensaft und Agavenzucker glatt verrühren. Teelöffelweise auf den Friands verstreichen, dabei diese anheben und leicht hin und her kippen, damit die Glasur auch an den Seiten herunterläuft. Sofort servieren. Die Glasur zieht mit der Zeit ein, aber die Friands sehen auch dann noch gut aus. Dazu eine Tasse Earl Grey mit einer Scheibe Zitrone reichen. Die Friands schmecken am besten frisch, aber luftdicht verpackt halten sie sich 3 Tage im Kühlschrank.

TIPP

Dies ist das einzige Rezept des Buches, in dem ich Agavenzucker verwende. Traditionell werden Friands mit Puderzucker gebacken, um die charakteristische leichte Textur zu erhalten. Wenn man ein alternatives Süßungsmittel verwendet, erreicht man dies am besten mit Agavenzucker. Er überdeckt zudem nicht die zarten Aromen von Zitrone und Earl Grey. In den restlichen Rezepten setze ich lieber andere Süßungsmittel (s. S. 12–13) ein. Sie können Agavenzucker durch Honig ersetzen, die Friands werden dadurch allerdings etwas weniger süß.

Honigsüße Madeleines

Für 12–16 Madeleines

55 g braunes Reismehl
55 g Sorghum
1 TL Backpulver
2 Eier
1 Prise Himalayasalz
80 g Kokosblütenzucker
20 g (1 EL) Honig
110 g vegane Margarine oder Butter
(s. S. 11), zerlassen, plus etwas für
die Form

Die lockeren Madeleines, die durch Honig und Kokosblütenzucker eine zarte Karamellkruste und eine feine Süße bekommen, machen einfach nur glücklich! Sie sind federleicht und schmecken am besten direkt aus dem Backofen. Dann fehlt nur noch eine heiße Tasse Tee oder Kaffee …

Mehle und Backpulver in eine große Schüssel sieben. In einem Standmixer die Eier mit Salz aufschlagen, dabei mit niedriger Geschwindigkeit beginnen und diese langsam steigern, bis ein möglichst fester Schaum entstanden ist. Zucker und Honig zugeben und weiterschlagen. Nun im Wechsel Mehlmischung und Butter unterarbeiten, bis das Ganze eine homogene Konsistenz hat. Ein Stück Frischhaltefolie direkt auf die Oberfläche des Teigs legen und ihn 4 Std., am besten über Nacht, in den Kühlschrank stellen.

Den Backofen auf 180 °C vorheizen. Mithilfe eines Teigpinsels die Mulden einer Madeleineform leicht fetten. Den Teig aus dem Kühlschrank nehmen und einmal umrühren. In einen Einweg-Spritzbeutel füllen und unten die Spitze so abschneiden, dass ein Loch mit 1,5 cm Ø entsteht. Den Teig in die Mulden der Form spritzen, dabei diese nicht bis ganz oben füllen, einige Millimeter frei lassen. Sie können die Masse auch mit einem Löffel in die Mulden geben, dabei aber darauf achten, dass nicht zu viel Luft aus dem Teig herausgedrückt wird.

Die Madeleines 8–10 Min. im vorgeheizten Ofen goldgelb backen. Sie sollten auf leichten Druck nachgeben. 1 Min. abkühlen lassen, dann vorsichtig aus der Form nehmen, evtl. mithilfe eines Messers, und sofort servieren.

REGISTER

A

Ahornsirup 12, 13
Allround-Vollkornbrot mit
Buchweizen- und Teffmehl 82
Amarant 18
Apfel-Haselnuss-Muffins 66
Apfelmus, Grundrezept 32
Apple Pies mit Ahornsirup 130
Avocadocreme-Dessert mit Chia-
Samen 138

B

Bananen-Dattel-Nuss-Kuchen
mit Karamellsauce 74
Beeren-Cashewcreme 72
Beerenschokolade 156
Blaubeer-Galettes 114
Blaubeer-Johannisbeer-Kuchen
mit lila Cashewcreme 72
Blaubeer-Pistazien-Törtchen 54
Blaubeer-Zitronen-Mousse-
Kuchen mit Geranien 152
Brot
Allround-Vollkornbrot mit
Buchweizen- und Teffmehl 82
Reste-Mehrkorn-Quinoa-Brot
87
Süßkartoffel-Polenta-Brot 84
Buchweizen 18
Butteralternativen 10, 11

C

Carobpulver 19
Cashewbéchamel 125
Cashew-Orangen-Creme 42
Chai-Hafer-Cookies mit Rosinen
96
Chia-Samen 18
Chili-Schoko-Cookies 96
Chilitrüffel mit Zimt und Muskat
160
Clementinenkuchen mit
fruchtigem Granatapfelsirup 40
Cookies
Chai-Hafer-Cookies mit
Rosinen 96
Chili-Schoko-Cookies 96
Hanfkräcker mit Kräutern 100
Haselnuss-Sablés mit
Schokolade, Orange und
Rosmarin 93
Mandelbiscotti mit Lavendel
und Honig 90
Schoko-Erdnussbutter-Träume
mit Himbeerkonfitüre 94

Tutti-Frutti-Buchweizen-
Florentiner 98
Crème Anglaise 132

D

Dattelsirup 13
Desserts
Avocadocreme-Dessert mit
Chia-Samen 138
Blaubeer-Zitronen-Mousse-
Kuchen mit Geranien 152
Erdbeer-Verbene-Granita 144
Mango-Kokos-Creme mit
Limette und Chia-Samen 138
Orangeneis 151
Parfait Schwarzwälder Art 148
Samtige Schokoladentöpfchen
141
Schoko-Bananen-Torte mit
Karamellsauce 147
Schoko-Orangen-Eistorte mit
Schokoladenglasur 151
Tarte mit Sommerfrüchten 144
Tiramisu-Mousse 141

E

Einweichen 25
Erdbeer-Friands mit Earl Grey
und Zitrone 171
Erdbeer-Orangen-Kompott 53
Erdbeer-Verbene-Granita 144
Erdnussbutter-Karamell-Popcorn
168
Espressotrüffel 160
Exotische Schokolade 156
Extra fruchtiges Früchtebrot 77

F

Feigen-Himbeer-Pie und Crème
Anglaise mit Pistazien 132
Feigen-Ingwer-Teekuchen mit
dunklem Schokoaufstrich 81
Flohsamenpulver 18
Fruchtaufstrich, Grundrezept 32
Fruchtige Amarantmuffins mit
Buchweizenstreuseln 64
Frucht-Nuss-Schokolade 156

G

Gepuffte Quinoa mit Schokolade
und gesalzenen Mandeln 168
Gestürzte Ananas-
Gewürzkuchen 45
Gestürzter Birnen-Walnuss-
Kuchen 45

Gestürzter Quitten-Walnuss-
Kuchen 45
Glutenfreies Getreide 16, 17, 30
Glutenfreies Mehl 16, 17, 30
Glutensensitivität 16
Granatapfelsirup 40
Guarkernmehl 16

H

Hafermehl 17
Hanfkräcker mit Kräutern 100
Haselnuss-Buchweizen-Schnitten
mit Blaubeeren 109
Haselnuss-Limetten-Berge 166
Haselnuss-Sablés mit Schokolade,
Orange und Rosmarin 93
Haselnussteig 128
Himalayasalz 19
Himbeer-Chia-Aufstrich 32
Himbeer-Konfitüre, Grundrezept
32
Hirsekuchen mit Salbei und
Pilzen 61
Hirsemehl 17
Honig 12, 13
Honigsüße Madeleines 172
Honigtrüffel mit Kamille 161

J

Joghurtalternativen 10, 11
Johannisbeertrüffel 160
Johannisbrotpulver 19

K

Kabochapüree 135
Kaffeemousse 141
Kakao 19
Kakaobutter 19
Kakao-Maca-Lucuma-Creme
69
Kandierte Salznüsse 151
Karamell-Blondies mit Kirschen
und Macadamianüssen 103
Karamellsauce 74, 147
Kastanien-Mandel-Teig 132
Kastanienmehl 17
Kernige Getreideschnitten 109
Kichererbsen-Blumenkohl-Taler
mit Limetten-Minz-Raita 58
Kichererbsenmehl 16
Kirschcreme 148
Kirsch-Pistazien-Törtchen mit
Mesquite 54
Kokosblütensirup 12, 13
Kokosblütenzucker 12, 13

Kokosmehl 17
Kokos-Minikuchen 166
Kokos-Möhren-Muffins mit
Kakao-Maca-Lucuma-Creme 69
Kokos-Quinoa-Kakao-Riegel 110
Kokos-Rosen-Kuchen mit
Vanille-Kokossahne 48
Kürbistorte mit Möhren,
Walnüssen und Cashew-
Orangen-Creme 42

L

Laktoseintoleranz 10
Lavendel-Aprikosen-Creme
90
Leinsamen 18
Limetten-Minz-Raita 58
Limettenmousse 36
Lucumapulver 19

M

Macapulver 19
Maisstärke 16
Mandelbiscotti mit Lavendel und
Honig 90
Mandelbrot ohne Trockenobst 78
Mandelcreme 122
Mandel-Hafer-Schnitten mit
Himbeeren 108
Mandel-Stachelbeer-Tarte 122
Mandel-Teekuchen mit
Aprikosen und Cranberrys 78
Mango-Kokos-Creme mit Limette
und Chia-Samen 138
Matcha-Sesam-Trüffel 161
Mesquite 54
Milchallergie 10
Milchalternativen 10, 11
Mürbeteig, Grundrezept 30
Muffins
Apfel-Haselnuss-Muffins 66
Fruchtige Amarantmuffins mit
Buchweizenstreuseln 64
Kokos-Möhren-Muffins mit
Kakao-Maca-Lucuma-Creme
69
Pastinaken-Gewürz-Muffins 66
Polentamuffins mit Spinat,
Tomaten und Oliven 71

N

Natürlich gesüßte
Getreideschnitten 109
Natürliche Süßungsmittel 12, 13
Nussmilch, Grundrezept 28

Nussmus, Grundrezept 26
Nusssahne, Grundrezept 27

O
Orangeneis 151
Orangenschokolade 156

P
Palmzucker 12, 13
Paranusstoffees mit Adzuki-
  bohnen 165
Parfait Schwarzwälder Art 148
Pastinaken-Gewürz-Muffins 67
Pfefferminz-Schokolade 156
Pfeilwurzelstärke 16
Pflaumen-Crostata 117
Pflaumenkonfitüre 117
Phytinsäure 25
Pies
  Apple Pies mit Ahornsirup 130
  Feigen-Himbeer-Pie und Crème
    Anglaise mit Pistazien 132
  Quitten-Pies 129
Pistazien-Mandel-Creme 118
Polenta 17
Polentamuffins mit Spinat,
  Tomaten und Oliven 71
Popcorn-Variationen 168
Pseudogetreide 18
Psyllium-Pulver 18

Q
Quinoa 18
Quitten-Pies 129

R
Reismehl, braunes 17
Reste-Mehrkorn-Quinoa-Brot 87
Rhabarber-Pistazien-Törtchen
  54
Rhabarber-Polenta-Cupcakes mit
  Erdbeer-Orangen-Kompott 53
Riegel
  Haselnuss-Buchweizen-
    Schnitten mit Blaubeeren 109
  Kernige Getreideschnitten 109
  Kokos-Quinoa-Kakao-Riegel
    110
  Mandel-Hafer-Schnitten mit
    Himbeeren 108
  Natürlich gesüßte
    Getreideschnitten 109
  Rohkost-Energieschnitten 108
Rosen-Himbeer-Törtchen mit
  Pistazien-Mandel-Creme 118

Rosen-Orangenblüten-
  Schokolade mit Himbeere,
    Macadamianüsse und Sesam
    156

S
Samtige Schokoladentöpfchen 141
Schnelle Himbeerkonfitüre 32
Schneller Himberr-Chia-
  Aufstrich 32
Schnelles Apfelmus 32
Schokoaufstrich 81
Schoko-Bananen-Torte mit
  Karamellsauce 147
Schoko-Erdnussbutter-Träume
  mit Himbeerkonfitüre 94
Schoko-Haselnuss-Creme 121
Schoko-Haselnuss-Torte mit
  Honig-Nugat-Ganache 39
Schoko-Kastanien-Törtchen mit
  Schoko-Malz-Sauce 57
Schokolade, selbst gemacht 156
  Beerenschokolade 156
  Exotische Schokolade 156
  Frucht-Nuss-Schokolade 156
  Orangenschokolade 156
  Pfefferminz-Schokolade 156
  Rosen-Orangenblüten-
    Schokolade mit Himbeere,
    Macadamianüsse und Sesam
    156
Schokolierte Minzeblätter 162
Schoko-Malz-Sauce 57
Schoko-Nuss-Tarte mit Birnen
  121
Schoko-Orangen-Eistorte mit
  Schokoladenglasur 151
Schoko-Trüffel-Brownies 103
Sesam-Pekan-Tartes mit
  Wurzelgemüse 125
Sorghum 17
Süßkartoffel-Polenta-Brot 84

T
Tahini-Shortbread mit Walnüssen
  und Feigen 104
Tarte mit Kabochakürbis 135
Tarte mit Sommerfrüchten 144
Teffmehl 17
Tiramisu-Mousse 141
Tomaten-Paprika-Pissaladière 128
Torta di riso mit Zimt-Safran-
  Mandelmilch 50
Traumhafte Kokoswürfel 166
Trockenfrüchte 12, 13

Trüffel
  Chilitrüffel mit Zimt und
    Muskat 160
  Espressotrüffel 160
  Honigtrüffel mit Kamille 161
  Johannisbeertrüffel 160
  Matcha-Sesam-Trüffel 161
  Trüffelvariationen mit
    Bitterschokolade 160
  Trüffelvariantionen mit weißer
    Schokolade 161
  Weiße Schokoladentrüffel 161
  Zartherbe Schokotrüffel 160
Tutti-Frutti-Buchweizen-
  Florentiner 98

V
Vanille 13
Vanille-Cashewjoghurt 53
Vanillecreme 144, 148
Vorratsschrank 14, 15, 20

W
Weiße Schokoladencreme 104
Weiße Schokoladentrüffel 161
Weiße Schoko-Mendiants mit
  Cranberrys und Pistazien 162

X
Xanthan 16

Z
Zartherbe Schokotrüffel 160
Zimt-Safran-Mandelmilch 50
Zimtstreuselkuchen mit
  Brombeeren und Äpfeln 46
Zöliakie 16
Zucchinitorte mit Avocado-
  Limetten-Creme, Himbeer-
  konfitüre und Pistazien 36

KOKOSCREME UND MANDELMILCH 175

HÄNDLER, EINKAUFSTIPPS UND DANKSAGUNG

HÄNDLER UND EINKAUFSTIPPS

Mittlerweile sind sehr viele Produkte auf dem Markt erhältlich, unten finden Sie einige meiner Favoriten. In Supermärkten, Reformhäusern oder Naturkostläden finden Sie praktisch alle Zutaten, die ich bei meinen Rezepten verwende. Wenn nicht, können Sie diese in Onlineshops bestellen. Wenn Sie gleich etwas mehr ordern, wird es günstiger. Mehr über Produzenten, Lieferanten, mit denen ich zusammenarbeite, finden Sie auf meinem Blog www.henscleancakes.com.

Aduna, *www.aduna.com.* Qualitativ hochwertiges Baobab- und Moringapulver.

Biona Organic, *www.biona.co.uk.* Dattelsirup, natives Kokosöl und Butter sowie Apfelessig.

Coconom, *www.coconom.com.* Bio-Kokoszucker aus nachhaltiger Produktion sowie Kokosnektarsirup.

Coyo, *www.coyo.co.uk; www.coyo.us; www.coyo.com.au.* Milchfreier Kokosjoghurt; ich verwende Natur- und Schokojoghurt.

Doves Farm, *www.dovesfarm.co.uk.* Glutenfreies Backpulver, Backnatron, Xanthan und einige glutenfreie Mehle.

Hillfarm Oils, *www.hillfarmoils.com.* Extra natives und kalt gepresstes Rapsöl.

Hodmedod's, *www.hodmedods.co.uk.* Quinoa, Bohnen und Erbsen aus Großbritannien.

Maldon Salt, *www.maldonsalt.co.uk.* Grobes, reines Meersalz.

Meridian, *www.meridianfoods.co.uk.* Ahornsirup, Melasse und Nussbutter.

SugaVida, *www.sugavida.com.* Bio-Palmyranektarpulver aus nachhaltiger Produktion (Fair Trade).

Pump Street Bakery, *www.pumpstreetbakery.com.* Schokolade mit 100 %, 85 % und 75 % Kakao.

Pure, *www.puredairyfree.co.uk.* Ungehärtete, milchfreie Sonnenblumenbutter ohne künstliche Farbstoffe oder Konservierungsstoffe.

Rainbow Wholefoods, *www.rainbowwholefoods.co.uk.* Hier finden Sie viele Zutaten, die ich bei meinen Rezepten verwende.

Rude Health, *www.rudehealth.com.* Pflanzenmilch, z.B. Mandel- und Haselnussmilch, glutenfreie Hafer- und Buchweizensprossen.

St Dalfour, *www.stdalfour.co.uk; www.stdalfour.com.au.* 100 % natürliche Fruchtaufstriche ohne Rohrzuckerzusatz.

Shipton Mill, *www.shipton-mill.com.* Außerordentlich hochwertige glutenfreie Vollkornmehle (Bio). Auch bei:

Bob's Red Mill, *www.bobsredmill.com,* in den USA.

Steenbergs Organic, *www.steenbergs.co.uk.* Reine Extrakte, etwa Vanille, Orange, Zitrone und Pfefferminze; zudem Blütenwässer und Gewürze.

Teapigs, *www.teapigs.co.uk; www.teapigs.com; www.tea-pigs.com. au.* Chai-Tee, grünes Matcha-Teepulver u.v. a.

WEITERE HILFREICHE WEBSITES

www.detoxyourworld.com, www.eattheseasons.co.uk, www.ethicalsuperstore.com, www.goodnessdirect.co.uk, www.planetorganic.com, www.suma.coop

LITERATUR

2014 habe ich am Institute Optimum Nutrition Home einen Kurs absolviert. Das folgende Material hat mir geholfen, vieles zu verstehen, was Sie in meinem Buch finden, z. B. alles über Gluten, Getreide, Milchprodukte und verarbeiteten Zucker:
Patrick Holford's New Optimum Nutrition Bible, Patrick Holford, Piatkus, 2004
The Concise Human Body Book, Steve Parker, Dorling Kindersley, 2009
The Complete Guide to Nutritional Health, Pierre Jean Cousin and Kirsten Hartvig, Duncan Baird Publishers, 2004

INSPIRATIONEN

Chad Robertson und Tartine Bakery haben mich zu meinen „Schoko-Erdnussbutter-Träumen mit Himbeerkonfitüre" (s. S. 94) und zu meinen „Haselnuss-Sablés mit Schokolade, Orange und Rosmarin" (s. S. 93) inspiriert; Diana Henry verdanke ich die Anregung für meinen „Clementinenkuchen mit fruchtigem Granatapfelsirup" (s. S. 40).

DANKSAGUNG

Mit dem Schreiben dieses Buches wurde für mich ein Traum wahr. Deshalb möchte ich mich herzlich bei Jacqui bedanken, die mir die Verwirklichung ermöglicht hat. Mein Dank geht auch an Fritha, Rachel und Claire, die mir halfen, meine Vision zum Leben zu erwecken. Danke an Lisa für die wunderschönen Fotos und an Fiona für ihre Hilfe an den Shooting-Tagen. Ich möchte mich bedanken bei meinen Freunden, meiner Familie und den Nachbarn aus meinem Dorf, die meine Rezepte getestet haben. Danke an Rosemary und Caroline, die mir immer wieder umwerfende Blumen und Requisiten brachten und an Wendy, die stets da war. Ein großes Dankeschön geht an alle, die mich auf meinem Weg unterstützt haben – alte Kollegen, die mir so viel beigebracht haben, alle, die meine Arbeit gefördert haben, in Suffolk und anderswo, und an alle, die heute zu mir und meinen „Hen's Clean Cakes" halten. Ich werde auch in Zukunft mein Wissen vertiefen und meine Erfahrungen auf meinem Blog und bei Events teilen. Bedanken möchte ich mich bei meinem Bruder und meiner Schwester dafür, dass sie mich immer unterstützt haben. Das alles wäre aber ohne meine Eltern nicht möglich gewesen: Ich werde euch ewig dankbar sein für all eure Hilfe, Geduld, Großzügigkeit und Liebe. Dieses Buch ist für euch.